Dieter Kanzleiter

Gemeinsam Blockflöte lernen

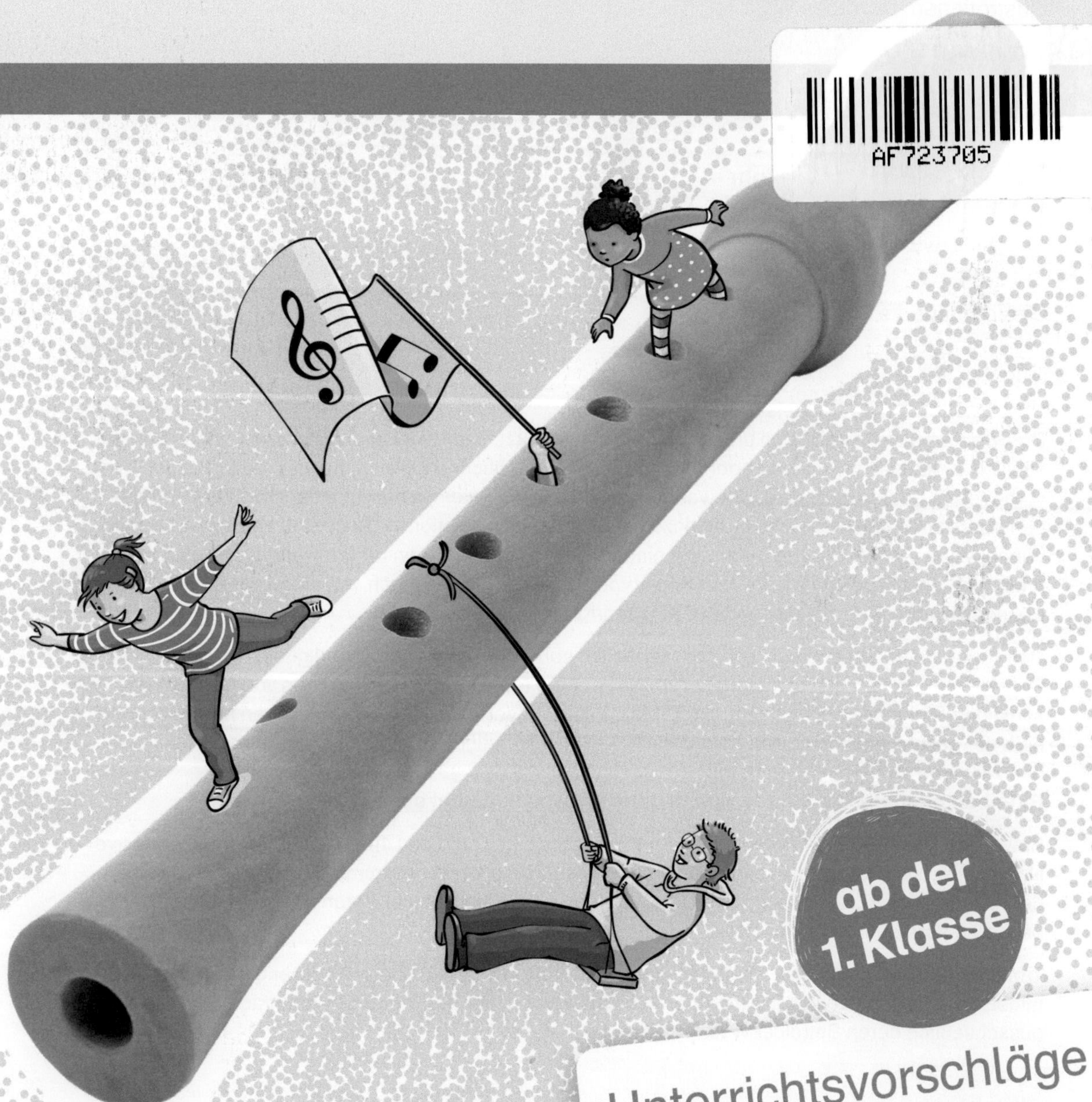

ab der 1. Klasse

Unterrichtsvorschläge und Kopiervorlagen für die Grundschule

Verlag an der Ruhr

Impressum

Titel
Gemeinsam Blockflöte lernen ab der 1. Klasse
Unterrichtsvorschläge und Kopiervorlagen für die Grundschule

Autor
Dieter Kanzleiter

Titelbildmotiv und Motive im Innenteil
Flöte: © igradesign – Fotolia.com; Punktemuster: © beholdereye – Fotolia.com
Illustrationen: Dorothee Wolters

Druck
Heenemann GmbH & Co. KG, Berlin, DE

Verlag an der Ruhr
Mülheim an der Ruhr
www.verlagruhr.de

Geeignet für die Klassen 1–4

ISBN 978-3-8346-3901-1

Inhaltsverzeichnis

Vorwort

Als Ausgangspunkt für dieses Heft dienten meine Erfahrungen als Blockflötenlehrer in der Kooperation Musikschule und Grundschule. Im Vordergrund steht, wie der Titel schon sagt, das gemeinsame Lernen. Dabei meine ich nicht nur gemeinsam mit den Kindern im Klassenverbund, sondern durchaus auch gemeinsam mit den Klassenlehrern* der Grundschule. Gerade diesen möchte ich eine Hilfe an die Hand geben, die ihnen diesen meist neuen Bereich erschließt und sie dazu befähigt, die Arbeit erfolgreich mitzutragen. Beide, die Musiklehrer der Musikschule mit einem hochqualifizierten Studium und die Grundschullehrer mit ihrem enormen pädagogischen Erfahrungsschatz, im Umgang mit den Kindern in dieser Weise zu verknüpfen, voneinander zu lernen und alle zur Zusammenarbeit zu bringen, war stets mein Anliegen. Darin liegt auch die Qualität, die allen Kindern zugutekommt.

Sehr erfolgreich waren die Klassen, in denen die Klassenlehrer mehrmals in der Woche zu Beginn des Unterrichts mit den Kindern Flöte gespielt haben. Dadurch war das häusliche Üben nicht mehr notwendig für ein Vorankommen.

Neben der Flöte soll auch das Singen und Begleiten mit Perkussionsinstrumenten eingebunden werden. Besonders geeignet sind dafür die Boomwhackers (bunte Röhren mit bestimmten Tonhöhen), da durch die Farben auch zusätzlich die Notennamen schneller erlernbar sind. Die Flöte ist Lehr- und Lernmittel für eine tief gehende musikalische Erfahrung. Das Musizieren in der Gruppe hat stets Vorrang, der Einzelvortrag kann auch nur freiwillig sein. Somit sind Fehler und Misstöne nicht so belastend für den Einzelnen, besondere Begabungen lassen sich gezielt fördern. Jeder gibt sein Bestes – „dabei sein ist alles“.

Die Vorschläge der Stundengestaltung sind fließend gedacht. Je nach Gruppe und Vermögen der Kinder sollten die Wiederholungsphasen verlängert werden – es zählt das gemeinsame Musizieren, nicht die Anzahl der neu gelernten Töne. Sehr oft habe ich die Stundeninhalte mehrmals praktiziert und gemerkt, dass die Kinder immer wieder Freude und Spaß haben, das Gelernte zu wiederholen.

Ich wünsche allen, die mit diesem Buch arbeiten, viele schöne Erfahrungen mit den Kindern und viel Erfolg beim Blockflöte-Lernen.

Dieter Kanzleiter

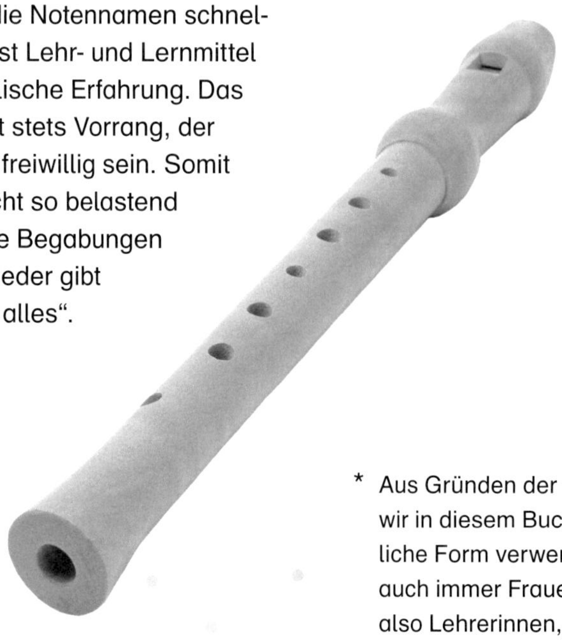

* Aus Gründen der besseren Lesbarkeit haben wir in diesem Buch durchgehend die männliche Form verwendet. Natürlich sind damit auch immer Frauen und Mädchen gemeint, also Lehrerinnen, Schülerinnen etc.

1. Meine Flöte

Verlauf

Vorbereitung

- Jedes Kind benötigt eine eigene Flöte. Verwenden Sie ggf. die Vorlage für den Elternbrief, um eine Sammelbestellung durchzuführen.
- Für die Unterlagen benötigen die Kinder ein Heft ohne Lineatur, um die Blätter einzukleben oder abzuheften. So geht kein Blatt verloren und man kann jede Seite zum Wiederholen aufschlagen.
- Bereiten Sie ein Titelblatt für jeden Schüler vor, indem Sie ggf. jeweils den Namen eintragen.

Einstieg

- Bilden Sie mit den Kindern einen Stuhlkreis.
- Erlernen Sie gemeinsam das Begrüßungslied, indem Sie es den Kindern vorsingen.
- Besprechen Sie die Regeln für den Ablauf der Stunden:
  Damit nicht alle durcheinanderspielen, halten wir die Flöte ans Kinn oder drehen sie um, solange wir nicht spielen sollen.
  Wer trotzdem immer dazwischenspielt, muss die Flöte in eine Ruhebox legen und den anderen zuhören.
  Wir stellen dann eine Sand- oder Eieruhr. Danach darf die Flöte wieder mitmachen. Beim zweiten, dritten Mal etc. verlängert sich die Ruhezeit immer mehr.

Erarbeitung

- Zeigen Sie Ihre Flöte und benennen Sie die einzelnen Flötenteile: Flötenkopf, (Holz- oder Plastik-)Block, Fußteil, Grifflöcher.

  Wenn Sie eine kaputte Flöte zur Hand haben, können Sie zu Demonstrationszwecken den Block herausschieben und zeigen. Bei spielbaren Flöten sollten Sie den Block nur zeigen.

Material

<u>Für jedes Kind:</u>

- ✔ eigene Flöte
- ✔ Heft DIN A4 ohne Lineatur
- ✔ evtl. Kopiervorlage „Elternbrief“ (S. 7)
- ✔ Kopiervorlage „Deckblatt“ (S. 8)

- ✔ Liedblatt „Begrüßungslied“ (S. 9)
- ✔ Ruhebox oder -körbchen
- ✔ Eieruhr

- ✔ (evtl. kaputte) Flöte
- ✔ Seifenblasen
- ✔ evtl. Rhythmusinstrumente (Tamburin, Bongos, Trommeln etc.)
- ✔ evtl. Boomwhackers

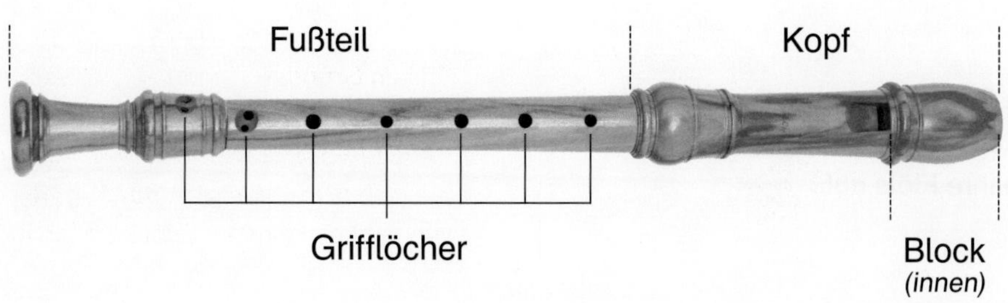

1. Meine Flöte

Verlauf

→ Erklären Sie den Kindern, wie man mit der Flöte umgeht und sie pflegt:
- nach dem Spielen ausputzen
- nicht auf den Boden fallen lassen oder werfen
- nicht pfeifen, quietschen
- vorsichtig hineinblasen

→ Führen Sie mit den Kindern eine Übung mit Seifenblasen durch:
- *Wir versuchen, große Seifenblasen zu erzeugen, d. h. ganz gleichmäßig und vorsichtig die Luft auszublasen.*
- *Nun nehmen wir den Flötenkopf und versuchen, einen genauso schönen, gleichmäßig klingenden Ton zu spielen.*
- *Wir machen einen kleinen Wettbewerb: Wer kann am längsten einen Ton aushalten?*
- *Alle spielen nun vier kurze Töne, dann zählen wir ohne Spielen bis vier, danach wieder vier kurze Töne usw.*

→ Geben Sie verschiedene Rhythmen vor, die die Kinder entweder klopfen, klatschen, patschen oder auf Rhythmusinstrumenten nachmachen.

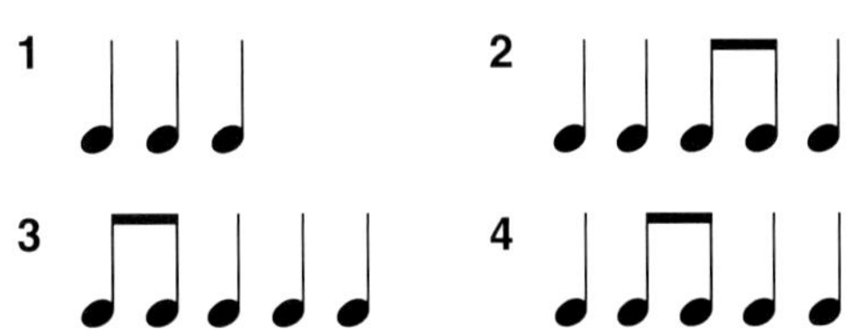

Alternativ können Sie für die Rhythmusübung auch Boomwhackers (farbige Klangröhren in verschiedenen Längen) einsetzen. Die Kinder klopfen den Rhythmus auf den Röhren (in verschiedenen Tonhöhen) nach, indem sie mit der Röhre auf die Hand schlagen.

Abschluss

→ Teilen Sie die Deckblätter aus. Die Kinder kleben ihr Blatt auf den Heftumschlag und malen als Hausaufgabe ihre Flöte auf.

Material

Elternbrief

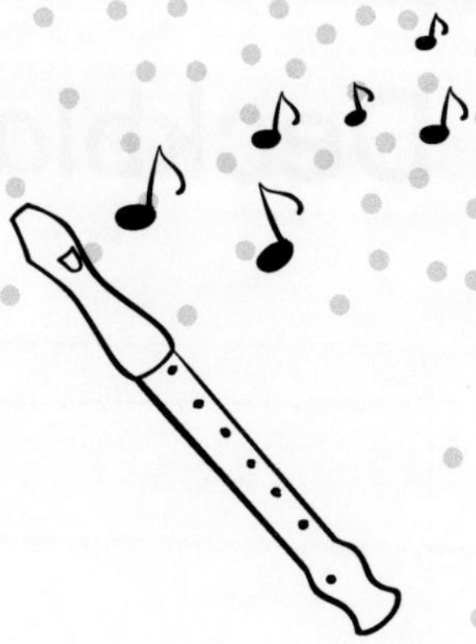

Liebe Eltern,

ich freue mich, mit Ihrem Kind in diesem Jahr neu mit der Blockflöte zu starten.
Ich biete an, für alle ein Instrument zu bestellen.

Dafür bitte ich Sie, den Abschnitt auszufüllen und an mich zurückzusenden.
Wir brauchen in der Flötenstunde ein großes DIN-A4-Heft ohne Lineatur, in das wir Noten malen und Blätter einkleben können.

Mit freundlichen Grüßen

Name des Kindes: .... Klasse: ....

○ **Ich habe bereits eine Flöte.**
(Bitte achten Sie darauf, dass die Flöte die „barocke Griffweise“ hat.)

○ **Ich bestelle hiermit eine Flöte aus Kunststoff.**

Preis: ca. .... €

Die Flöten aus Kunststoff sind unempfindlich bezüglich Feuchtigkeit und leicht zu reinigen.

Wunschfarbe:

○ Blau
○ Pink
○ Grün
○ Weiß

○ **Ich bestelle hiermit eine Flöte aus Holz.**

Preis: ca. .... €

Die Flöten aus Holz sind etwas höherwertiger.

ISBN 978-3-8346-3901-1 | www.verlagruhr.de

Deckblatt

Mein Flötenheft

Name: ....

Klasse: ....

Noten © Dorothee Wolters

ISBN 978-3-8346-3901-1 | www.verlagruhr.de

Begrüßungslied

D. Kanzleiter

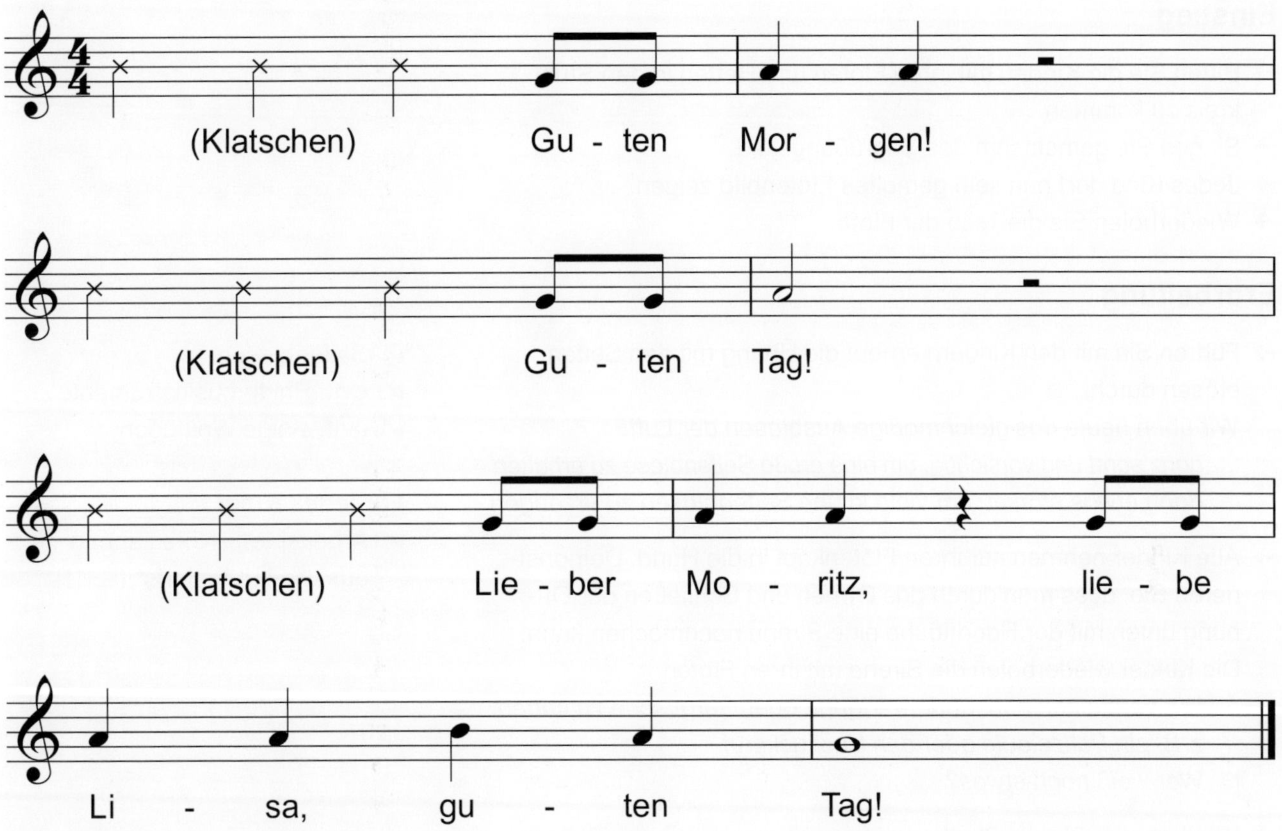

(Verschiedene Namen einsetzen)

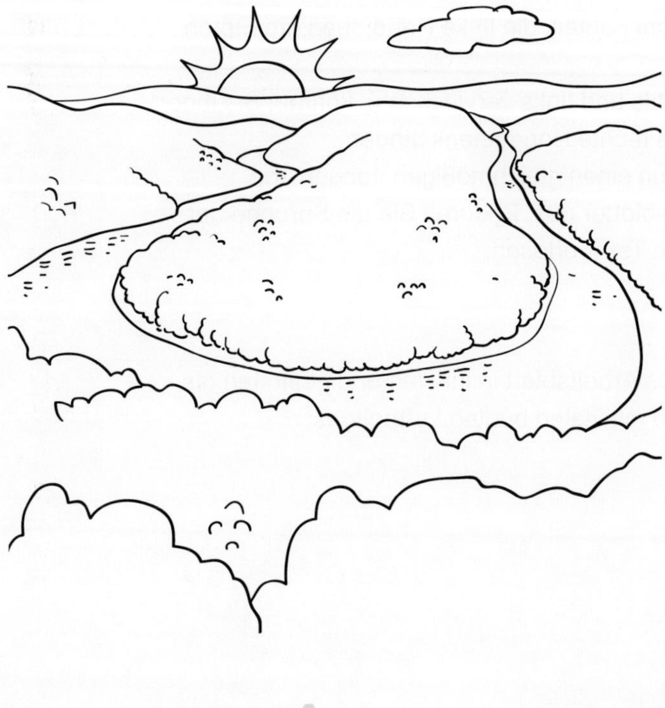

ISBN 978-3-8346-3901-1 | www.verlagruhr.de

2. Noten sehen aus wie Luftballons

Verlauf

Einstieg

- Bitten Sie die Kinder, mit ihren Flöten und Heften in den Stuhlkreis zu kommen.
- Singen Sie gemeinsam das Begrüßungslied.
- Jedes Kind darf nun sein gemaltes Flötenbild zeigen.
- Wiederholen Sie die Teile der Flöte.

Erarbeitung

- Führen Sie mit den Kindern erneut die Übung mit den Seifenblasen durch:
  Wir üben heute das gleichmäßige Ausblasen der Luft:
  - *ganz sanft und vorsichtig, um eine große Seifenblase zu erhalten*
  - *dann etwas stärker, um viele kleine Seifenblasen zu erzeugen*
- Alle Kinder nehmen nur ihren Flötenkopf in die Hand. Demonstrieren Sie, dass man durch das Öffnen und Schließen der Öffnung unten mit der Handfläche eine Sirene nachmachen kann. Die Kinder wiederholen die Sirene mit ihren Flöten.
  - *Wir versuchen nun, andere Klänge oder Geräusche zu finden, z. B. ein Polizeiauto oder den Kuckucksruf.*
  - *Wer weiß noch etwas?*
- Wiederholen Sie die Rhythmusübungen aus der ersten Stunde. Geben Sie einen Rhythmus vor, den die Kinder nachklatschen oder mit Rhythmusinstrumenten nachmachen. Anschließend darf immer ein Kind etwas vorklopfen, die anderen machen dies nach.
- Zeigen Sie den Kindern, wie man die Flöte hält: Die rechte Hand hält die Flöte unten am Fußteil, die linke Hand oben am Flötenkopf.
  Wenn die Kinder rechts und links verwechseln, können Sie ihnen einen Wollfaden ums rechte Handgelenk binden.
- Die Kinder spielen nun einen gleichmäßigen, langen Ton.
- Teilen Sie die Arbeitsblätter aus. Erklären Sie die Sprache der Musik, indem Sie den Text vorlesen.

Abschluss

- Die Kinder kleben das Arbeitsblatt in ihr Heft und gestalten als Hausaufgabe ein Bild mit vielen bunten Luftballons.

Material

- ✔ Seifenblasen
- ✔ evtl. Rhythmusinstrumente
- ✔ evtl. einige Wollfäden

Für jedes Kind:

- ✔ Arbeitsblatt „Noten sehen aus wie Luftballons“ (S. 11)

Noten sehen aus wie Luftballons

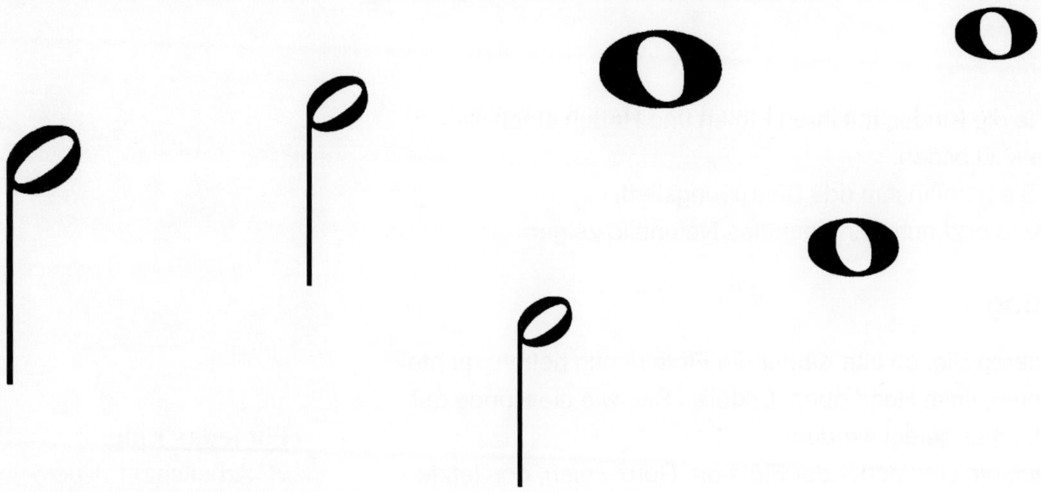

Noten haben einen Notenkopf und einen Notenhals.
Es gibt aber auch Noten ohne Notenhals.

Noten sehen aus wie Luftballons mit einer Schnur dran.

Male ein Bild mit vielen bunten Luftballons.

ISBN 978-3-8346-3901-1 | www.verlagruhr.de

3. Kurze und lange Noten

Verlauf

Einstieg

- ➜ Bitten Sie die Kinder, mit ihren Flöten und Heften einen Stuhlkreis zu bilden.
- ➜ Singen Sie gemeinsam das Begrüßungslied.
- ➜ Jedes Kind darf nun sein gemaltes Notenbild zeigen.

Erarbeitung

- ➜ Kontrollieren Sie, ob alle Kinder die Flöte richtig halten: rechte Hand unten, linke Hand oben. Erklären Sie, wie die Hände auf die Grifflöcher gelegt werden:
  Seht euch die Grifflöcher der Flöte an. Ganz unten, das letzte Loch (oft sind es auch zwei Löcher) ist etwas versetzt. Daher kann nur der kleine Finger der rechten Hand dieses Loch abdecken. Deshalb müssen wir die richtige Handhaltung (rechte Hand unten) einüben. Dies gilt aus diesem Grund auch für Linkshänder.
- ➜ Zeigen Sie den Kindern als Vorübung für das Greifen der Töne folgende Klopfübung ohne Flöte: Der linke Mittelfinger klopft 3-mal gegen den linken Daumen. Verwenden Sie dafür einen festen Rhythmus:

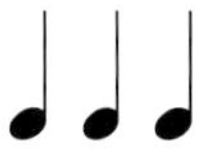

- ➜ Bilden Sie anschließend eine Klopfschlange: Jeder klopft nacheinander 2-mal den Rhythmus.
- ➜ Zeigen Sie den Kindern die Klopfübung auf der Flöte: Der linke Daumen schließt das hintere Loch, der Mittelfinger der linken Hand klopft auf das zweite Loch von oben auf der vorderen Flötenseite.
  - *Wenn alle sehr leise sind, kann man die Klopftöne hören.*
  - *Versucht nun, gleichzeitig mit dem Klopfen Folgendes zu sprechen: dü – dü – dü.*
  - *Sprecht zuerst laut mit, dann ohne Stimme. Stellt euch vor, ihr spuckt einen Kirschkern aus.*
- ➜ Erklären Sie den Kindern die unterschiedliche Schreibweise von langen und kurzen Noten, indem Sie ihnen das Blatt „Kurze und lange Noten" austeilen:
  lang = nicht ausgemalte Notenköpfe
  kurz = ausgemalte Notenköpfe.

  Kurze Noten haben immer einen Notenhals, lange Noten gibt es mit und ohne Notenhals.
- ➜ Die Kinder spielen die Beispiele 1 und 2 nur mit dem Flötenkopf.

Material

✔ Flöte

<u>Für jedes Kind:</u>

✔ Arbeitsblatt „Kurze und lange Noten" (S. 14)

3. Kurze und lange Noten

Verlauf

- → Im Anschluss spielen sie die Beispiele 1 und 2 auf der Flöte mit dem linken Daumen und Mittelfinger auf den beiden Löchern, so wie bei der Klopfübung.

Abschluss

- → Die Kinder malen als Hausaufgabe bei den Beispielen 3 und 4 kurze und lange Noten. Jedes Kind kann selbst entscheiden, welche Noten ausgemalt sein sollen und welche nicht.
- → Anschließend spielt jedes Kind seine eigenen Beispiele auf der Flöte bzw. auf dem Flötenkopf nach.

Material

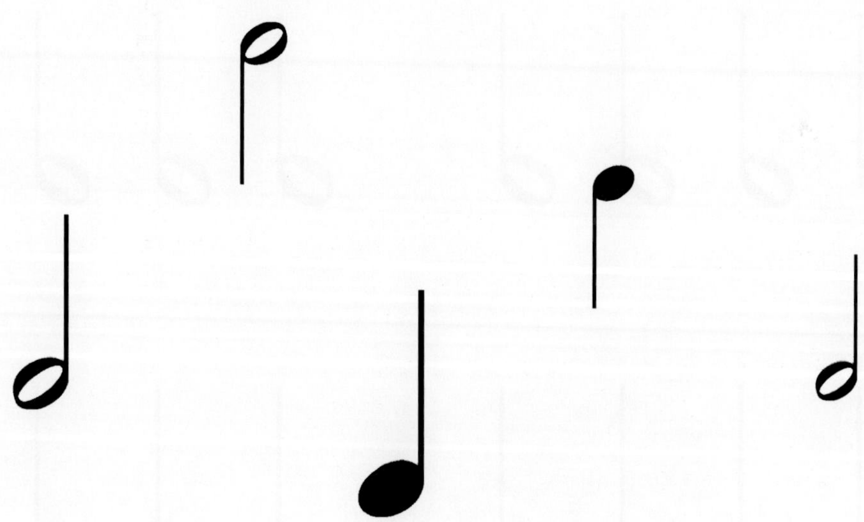

Kurze und lange Noten

1. 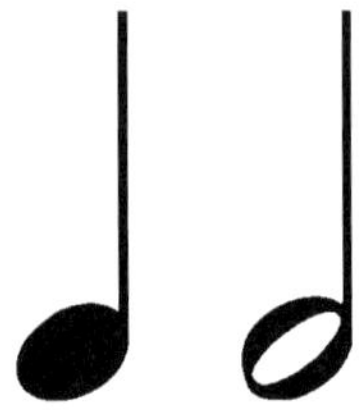

kurz lang

2. 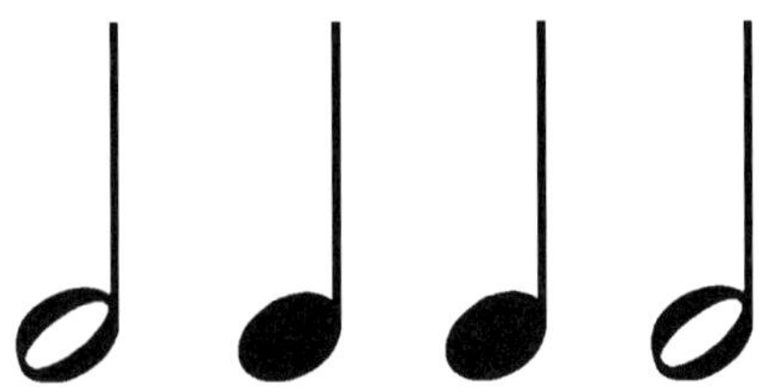

lang kurz kurz lang

3. 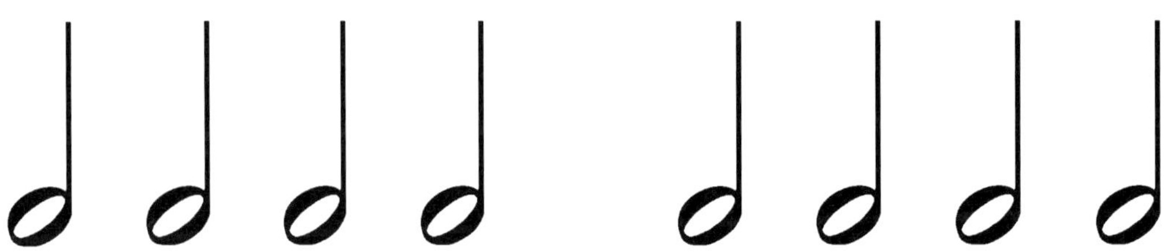

4. 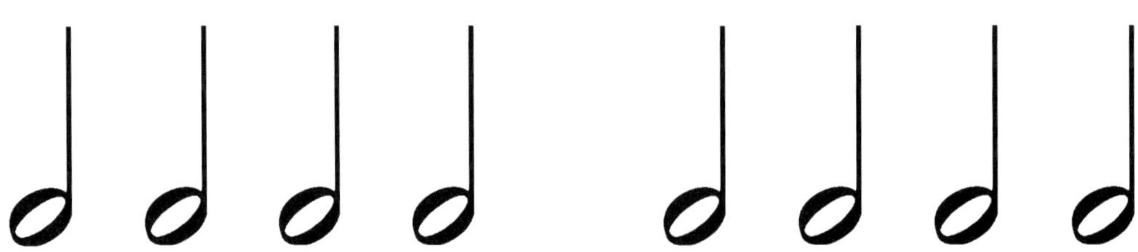

ISBN 978-3-8346-3901-1 | www.verlagruhr.de

4. Tiere in der Musiksprache

Verlauf

Einstieg

- Wiederholen Sie gemeinsam mit den Kindern: Ausgemalte Noten haben immer einen Notenhals. Nicht ausgemalte Noten gibt es mit und ohne Notenhals. Ausgemalte Noten sind kurz, nicht ausgemalte Noten sind lang.
- Jedes Kind spielt seine eigenen Beispiele vor. Wer kann sie nachspielen?

Erarbeitung

- Sprechen Sie zusammen einen Abzählreim:
  Pünktchen, Pünktchen, Komma, Strich,
  fertig ist das Mondgesicht.
- Zeigen Sie den Kindern, wie man das malen kann:
  Auge – Auge – Nase – Mund – Kopf
- In der KL-Sprache (Kurz-Lang-Sprache) heißt das:
  kurz – kurz – kurz – kurz – kurz – kurz – lang
  kurz – kurz – kurz – kurz – kurz – kurz – lang
- Die Kinder zeichnen die Noten an die Tafel:

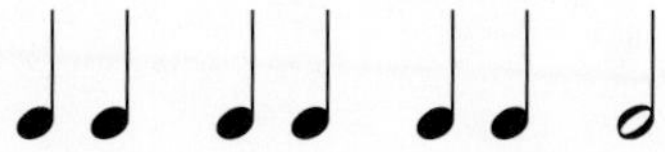

- Anschließend spielen sie dies auf dem Flötenkopf. Achten Sie darauf, dass jedes Kind die Töne mit der Zunge beginnt:
  dü – dü – dü – dü – dü – dü – düüü
- Nennen Sie nun den Notennamen des ersten Tons, den die Kinder lernen: C wie Clown.
  Demonstrieren Sie, wie man ihn greift: Der Daumen der linken Hand schließt das Loch auf der Rückseite, der Mittelfinger der linken Hand schließt das zweite Loch von oben auf der Vorderseite.

C

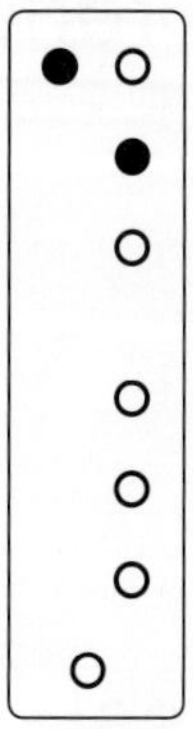

- Achten Sie auf die richtige Haltung:
  - *Der Flötenkopf wird an die Lippen gelegt, er darf nicht im Mund verschwinden.*
  - *Die Zähne dürfen die Flöte nicht berühren.*
  - *Die linke Hand ist oben, die rechte Hand ist unten am Flötenfuß.*
  - *Wir blasen vorsichtig wie bei den Seifenblasen.*

Abschluss

- Teilen Sie die Blätter aus, die die Kinder einkleben. Die Schüler schreiben als Hausaufgabe die einzelnen Tiere auf.

Material

Für jedes Kind:

✔ Arbeitsblatt „Tiere in der Musiksprache“ (S. 16)

Tiere in der Musiksprache

Mit „kurz“ und „lang“ können wir auch Wörter bilden.

Zeichne die Tiernamen wie im Beispiel.

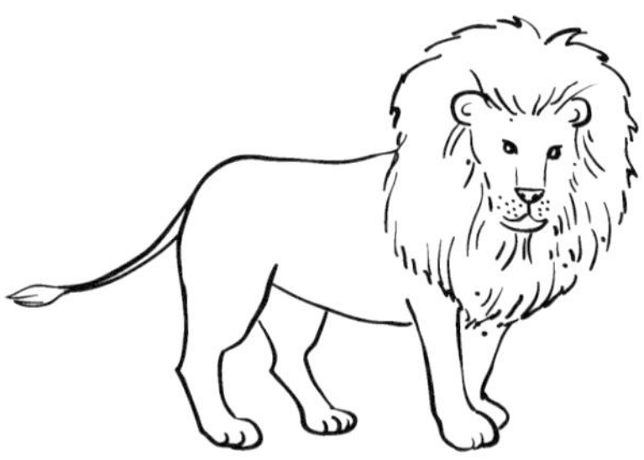

Löwe

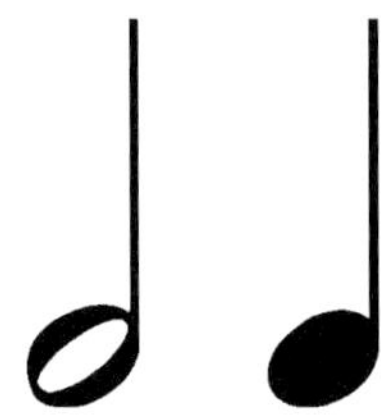

= — •

lang kurz

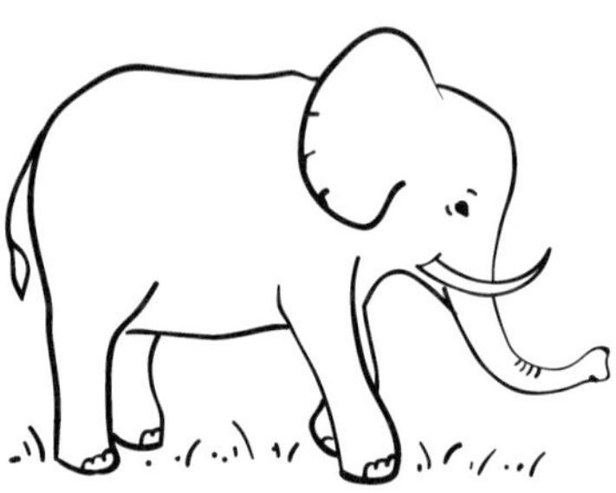

Elefant

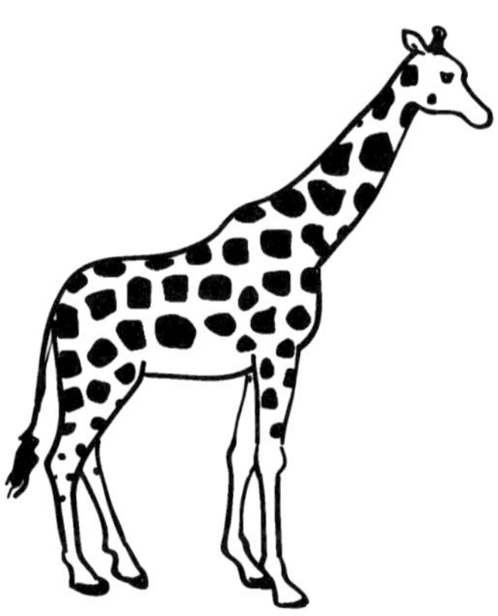

Giraffe

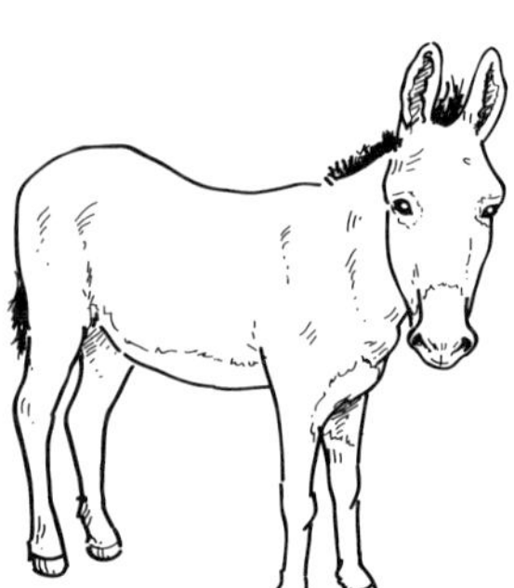

Esel

ISBN 978-3-8346-3901-1 | www.verlagruhr.de

5. C wie Clown

Verlauf

Einstieg

- Wiederholen Sie gemeinsam mit den Kindern: Ausgemalte Noten haben immer einen Notenhals. Nicht ausgemalte Noten gibt es mit und ohne Notenhals. Ausgemalte Noten sind kurz, nicht ausgemalte Noten sind lang.
- Alle Kinder spielen den neu gelernten Ton C. Prüfen Sie, ob die richtigen Löcher ganz abgedeckt sind und der Ton schön klingt. Achten Sie dabei weiterhin auf den Anstoß mit der Zunge: „dü".
- Jedes Kind spielt auf Zuruf mit dem Ton C einen Tiernamen, z. B. Löwe = lang – kurz. Sie können daran gleich erkennen, ob die Hausaufgabe verstanden wurde.
- Jedes Kind darf im Anschluss selbst ein Tier nennen und bestimmen, wer es spielen soll.

Erarbeitung

- Erklären Sie den Kindern die Notenschrift:
  Jeder Ton hat seinen eigenen Platz. Um Noten aufzuschreiben, brauchen wir fünf Linien, wie die fünf Finger an der Hand:
  Der Daumen ist die erste, unterste Linie.
  Der kleine Finger die fünfte, oberste Linie.
  Unser erster Ton C liegt im dritten Zwischenraum (von unten nach oben zählen), zwischen der dritten und vierten Linie. Beim Bild der Hand ist dies zwischen dem Mittelfinger und dem Ringfinger.
- Teilen Sie die Arbeitsblätter aus. Jedes Kind malt eine Note C ohne Notenhals in die Linien. (Wenn Sie mit Boomwhackers arbeiten, malen die Schüler jede Note noch rot aus.)
- Spielen Sie gemeinsam mit den Kindern zuerst auf dem Flötenkopf, dann auf der Flöte mit dem Ton C folgenden Rhythmus:

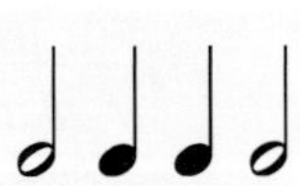

Die Kinder gehen dabei im Raum umher. Bei den halben Noten (lang), bleiben sie stehen, bei den Viertelnoten (kurz) dürfen sie gehen.

Material

✔ evtl. Boomwhackers

Für jedes Kind:

✔ Arbeitsblatt „C wie Clown" (S. 19)

5. C wie Clown

Verlauf

→ Bilden Sie einen Sitzkreis. Patschen Sie den folgenden Rhythmus vor. Wenn Sie Boomwhackers zur Verfügung haben, klopfen die Kinder mit der Röhre auf das Knie:

Patschen (P) und klatschen (Kl) Sie gemeinsam den Rhythmus bzw. klopfen Sie mit den Boomwhackers auf das Knie (Kn) und in die linke Hand (H):

P Kl Kl Kl P P
Kn H H H Kn Kn

Wiederholen Sie den Rhythmus mehrere Male und zählen Sie dabei gemeinsam laut mit:

1 – 2 3 4 1 – 2 3 4

Wenn Sie die Übung mit Boomwhackers durchführen, kann jeder Schüler seine Röhre bei der letzten 2 mit links greifen, bei 3 dem linken Nachbarn weitergeben und bei 4 rechts die neue Röhre greifen. Dann beginnt das Klopfen von vorn.

Abschluss

→ Teilen Sie die Blätter aus und erklären Sie die Hausaufgabe. Wer möchte, darf das Bild wieder bunt anmalen. Die Blätter werden dann in das Musikheft eingeklebt.

Material

Für jedes Kind:
✔ Arbeitsblatt „Die Notenlängen" (S. 20)

C wie Clown

Male einige C-Noten ohne Notenhals.

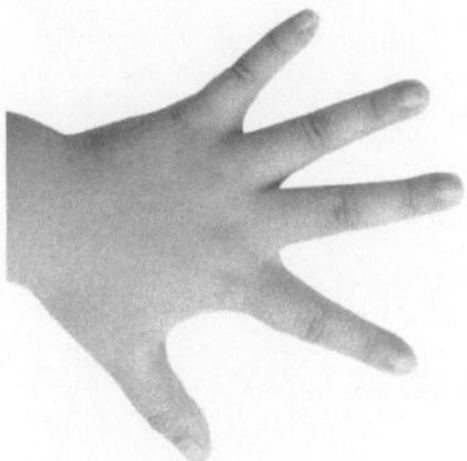

5
4
C
3
2
1

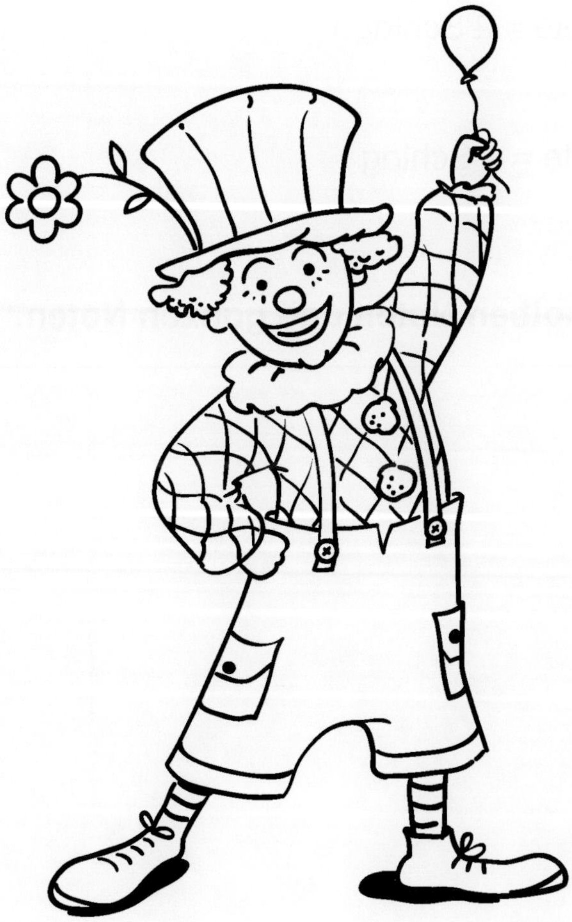

C

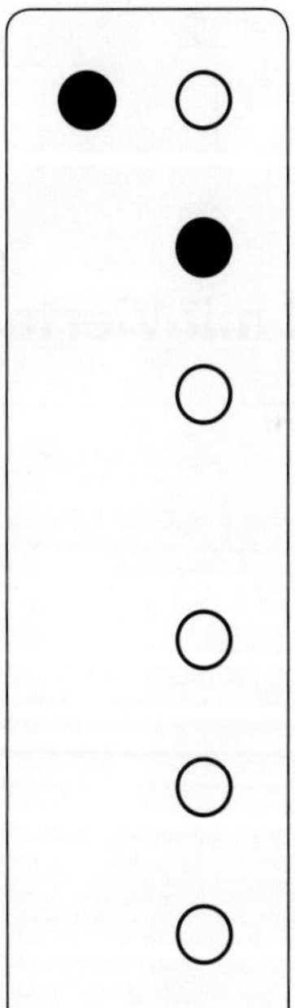

Die Notenlängen

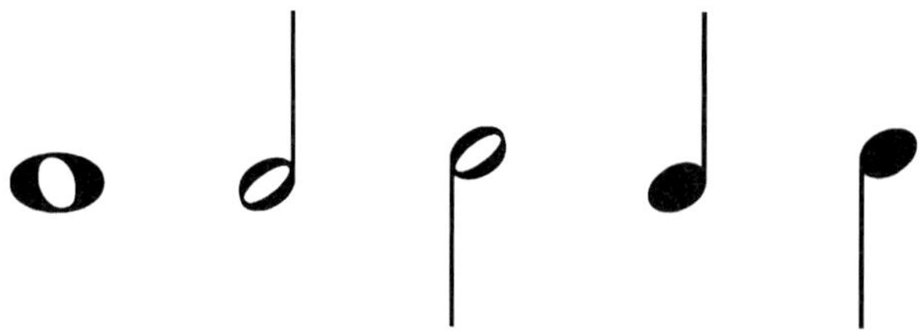

Ausgemalte Noten haben immer einen Notenhals.
Nicht ausgemalte Noten gibt es mit und ohne Notenhals:

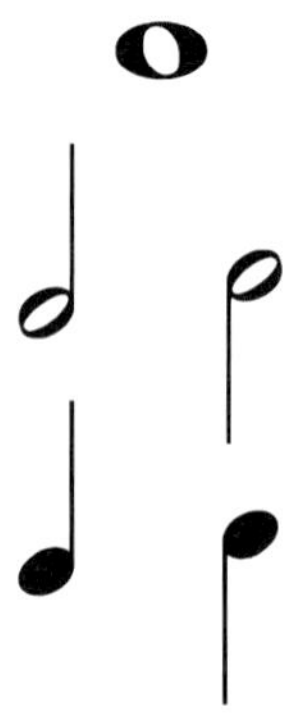

Ganze Note = 4 Schläge

Halbe Note = 2 Schläge

Viertelnote = 1 Schlag

Male ein Bild mit Viertelnoten, halben Noten und ganzen Noten.

ISBN 978-3-8346-3901-1 | www.verlagruhr.de

6. Der Takt

Verlauf

Einstieg

→ Wiederholen Sie gemeinsam mit den Kindern: Jeder Ton hat seinen eigenen Platz. Wir brauchen fünf Linien und vier Zwischenräume. Die linke Hand kann dabei helfen. Daumen unten: erste Linie. Der Ton C (Clown) liegt zwischen dem dritten und vierten Finger, im dritten Zwischenraum.

→ Die Kinder nehmen das Blatt „C wie Clown“ aus der letzten Stunde zur Hand. Geben Sie ihnen den folgenden Auftrag: *Male auf das Notenblatt einige C-Noten. Zeichne auch einen Notenhals. Der Notenhals geht links vom Notenkopf nach unten.*

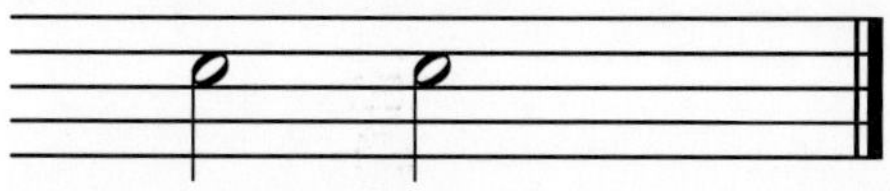

→ Jedes Kind zeigt sein Bild mit den verschiedenen Notenwerten: Viertel-, halbe, ganze Noten. Die Schüler loben besonders schöne Bilder. Wiederholen Sie dabei auch noch einmal die Notenwerte.

Erarbeitung

→ Teilen Sie den Kindern die Blätter „Takte mit C“ aus. Erklären Sie, was ein Takt ist: *Die Notenlinien sind mit Strichen in kleine Abschnitte unterteilt. Diese Striche nennt man Taktstriche. Die Abschnitte heißen Takte.*

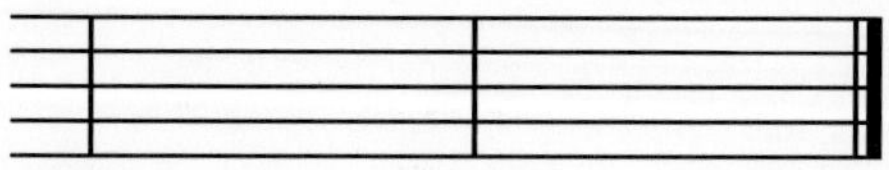

→ Die Kinder malen, wie im Beispiel, immer vier Viertelnoten in einen Takt.

→ Sprechen Sie folgenden, neuen Abzählreim vor:
Hokus Pokus Fidibus,
dreimal schwarzer Kater.
kurz – kurz – kurz – kurz – kurz – kurz – kurz
kurz – kurz – kurz – kurz – lang – kurz

Zeichnen Sie den Vers als Noten an die Tafel:

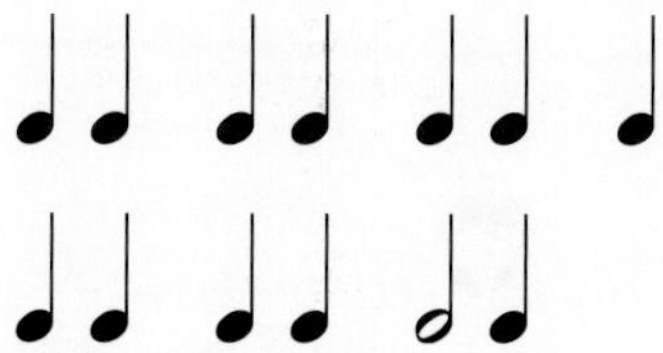

Material

Für jedes Kind:

✔ Arbeitsblatt „Takte mit C“ (S. 23)

6. Der Takt

Verlauf

→ Sprechen Sie gemeinsam den Rhythmus des Abzählreims:
dü – dü dü – dü dü – dü dü
dü – dü dü – dü düüü dü

→ Spielen Sie anschließend den Rhythmus gemeinsam mit den Kindern nur auf dem Flötenkopf. Achten Sie wieder besonders darauf, dass die Schüler mit ihrer Zunge die Töne beginnen: dü – dü …

→ Dann klopfen die Schüler den Reim mit den Fingern auf die Löcher der Flöte:
(D = Daumen; M = Mittelfinger)

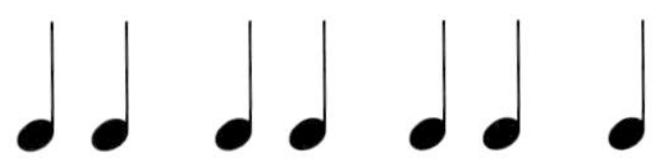

D M D M D M D
dü – dü dü – dü dü – dü dü

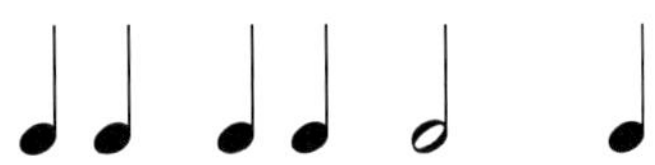

D M D M D M
dü – dü dü – dü düüü dü

Abschluss

→ Bilden Sie einen Sitzkreis und wiederholen Sie das Klopfspiel aus der letzten Stunde (s. Erarbeitung S. 17).

Material

Für jedes Kind:
✔ evtl. Boomwhacker

Takte mit C

Die Notenlinien sind mit Strichen in kleine Abschnitte unterteilt.
Diese Striche nennt man **Taktstriche**. Die Abschnitte heißen **Takte**.

Male immer 4 Viertelnoten C in einen Takt.

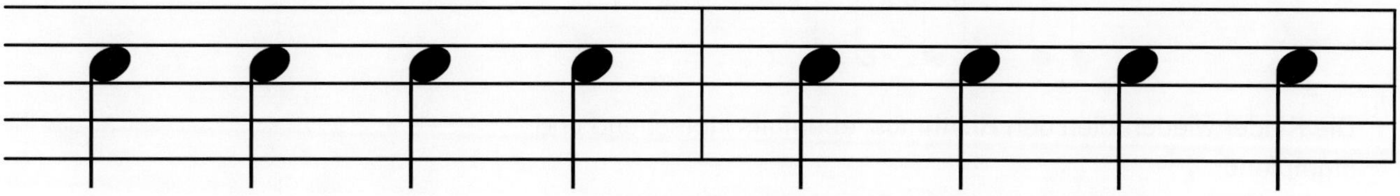

ISBN 978-3-8346-3901-1 | www.verlagruhr.de

7. A wie Affe

Verlauf

Einstieg

➜ Bilden Sie mit den Kindern einen Sitzkreis. Machen Sie folgenden Rhythmus vor, indem Sie die Viertelnoten klatschen und die halben Noten stampfen.

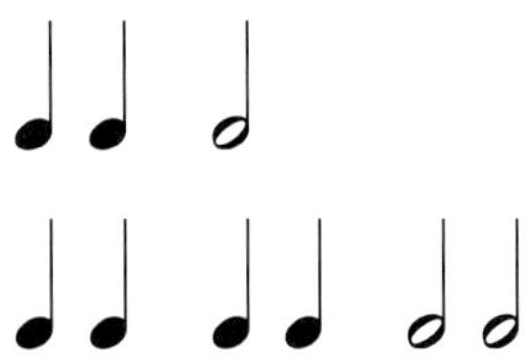

➜ Die Kinder wiederholen den Rhythmus, ebenfalls klatschend und stampfend.

➜ Im Anschluss gehen die Kinder zum Rhythmus im Raum umher: Bei den Viertelnoten gehen sie, bei den halben Noten bleiben sie stehen.
Wenn Sie Boomwhackers zur Verfügung haben, können Sie auch diese einsetzen. Geben Sie den Kindern rote (C) und lila (A) Röhren. Da die Boomwhackers in der Regel nicht für jeden reichen, können Sie die Übung mehrmals spielen, damit jeder einmal mitmachen kann. Bei den Viertelnoten spielen die Schüler mit den roten Röhren, bei den halben Noten diejenigen mit den lila Röhren.

Erarbeitung

➜ Stellen Sie den Kindern den zweiten Ton vor, den sie auf der Flöte lernen: Er heißt A wie Affe. Er liegt im zweiten Zwischenraum (von unten gezählt) zwischen der zweiten und dritten Linie. Bei der Hand mit den Notenlinien ist dies zwischen Zeige- und Mittelfinger.

➜ Teilen Sie die Blätter aus. Die Kinder malen darauf einige Noten A ohne Notenhals. (Lassen Sie die Schüler die Noten lila ausmalen, wenn Sie Boomwhackers zur Verfügung haben.)

➜ Demonstrieren Sie im Anschluss, wie man das A auf der Flöte greift: Der Daumen der linken Hand schließt das Loch auf der Rückseite. Zeige- und Mittelfinger der linken Hand schließen das erste und zweite Loch auf der Vorderseite.

A

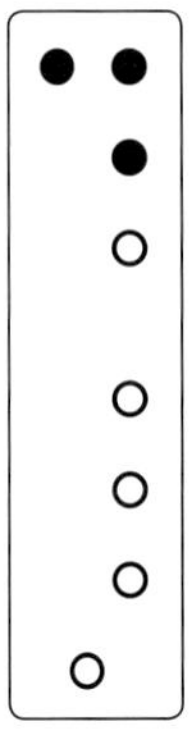

➜ Achten Sie erneut auf die richtige Flötenhaltung:
- *Der Flötenkopf wird an die Lippen gelegt, er darf nicht im Mund verschwinden.*
- *Die Zähne dürfen die Flöte nicht berühren.*
- *Die linke Hand ist oben, die rechte Hand ist unten am Flötenfuß.*
- *Wir blasen vorsichtig wie bei den Seifenblasen.*

Material

✔ evtl. Boomwhackers (rot, lila)

Für jedes Kind:

✔ Arbeitsblatt „A wie Affe“ (S. 26)

7. A wie Affe

Verlauf

→ Spielen Sie gemeinsam mit den Kindern die zu Stundenanfang geklopften Rhythmen mit dem Ton A:

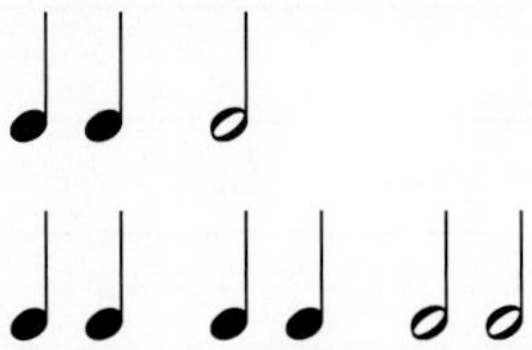

→ Dann wechseln die Kinder die Töne ab. Sie spielen alle Viertelnoten mit dem Ton C, alle halben Noten mit dem Ton A. Dabei gehen die Schüler wieder bei C im Raum umher und bleiben jeweils bei A stehen.

Abschluss

→ Erklären Sie den Kindern das Wiederholungszeichen bei Aufgabe 2, dem Kuckucksruf:

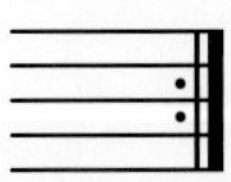

Es bedeutet, dass man die Zeile noch mal spielen soll.

→ Spielen Sie gemeinsam die Zeile und wiederholen Sie sie.

→ Die Kinder kleben das Blatt in das Flötenheft ein. Als Hausaufgabe übt jedes Kind den Kuckucksruf.

Material

A wie Affe

1. Male einige A-Noten ohne Notenhals.

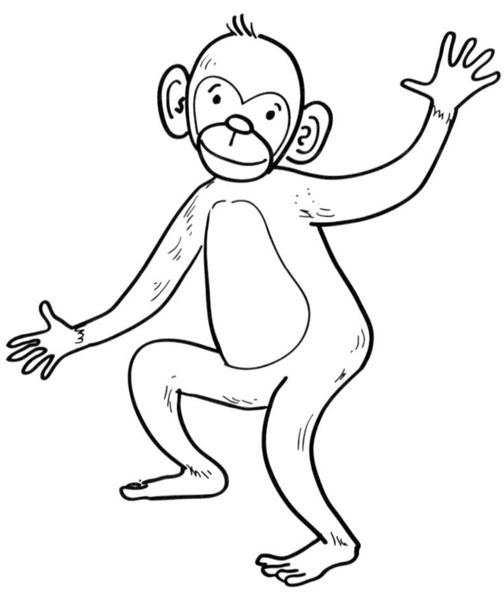

A

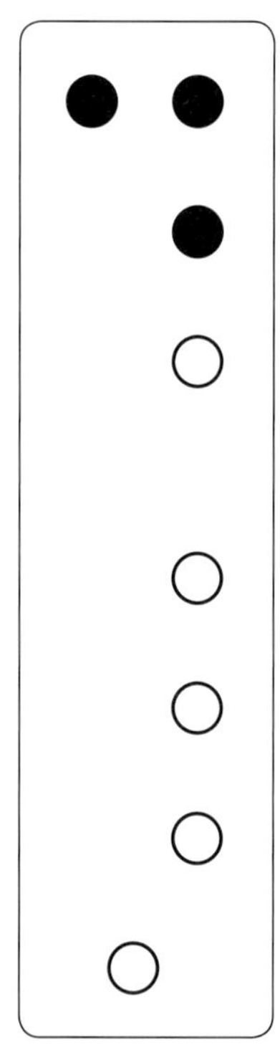

2. Spiele den Kuckucksruf.

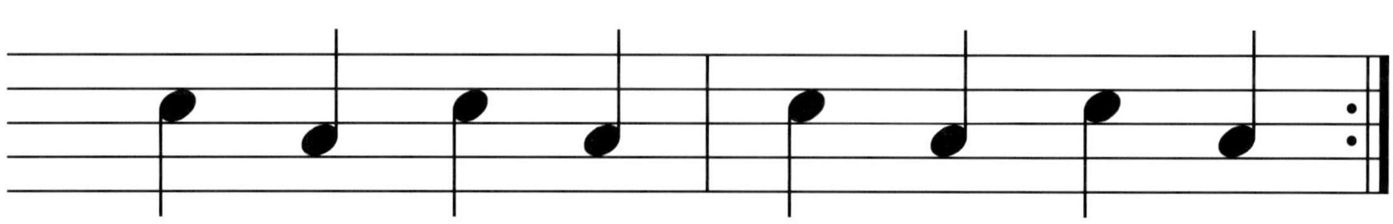

8. Die Töne C und A

Verlauf

Einstieg

- Wiederholen Sie mit den Kindern:
  Jeder Ton hat seinen eigenen Platz. Wir brauchen fünf Linien und vier Zwischenräume. Deine linke Hand kann dir dabei helfen: Daumen unten: erste Linie. Unser Ton C (Clown) liegt zwischen dem dritten und vierten Finger, im dritten Zwischenraum. Der Ton A (Affe) liegt zwischen dem zweiten und dritten Finger, im zweiten Zwischenraum.
- Teilen Sie das Blatt „Die Töne C und A" aus. Geben Sie den Kindern folgenden Auftrag zu Aufgabe 1:
  Male auf das Notenblatt die Noten C und A. Male auch einen Notenhals. Der Notenhals beim C geht links vom Notenkopf nach unten, beim A rechts vom Notenkopf nach oben. (Wenn Sie Boomwhackers zur Verfügung haben, malen die Kinder die C-Noten rot, die A-Noten lila an.)
- Erklären Sie den Kindern die Regel für das Notieren der Notenhälse:
  Steht der Ton auf der dritten, mittleren Linie oder höher, geht der Notenhals links nach unten. Steht der Ton unter der dritten, mittleren Linie, geht der Notenhals rechts vom Notenkopf nach oben.
- Lassen Sie von den Schülern das Wiederholungszeichen erklären:

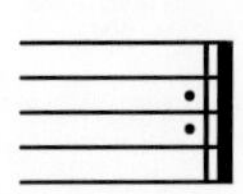

- Demonstrieren Sie an der Tafel, dass es dieses Zeichen auch am Anfang einer Notenzeile gibt:

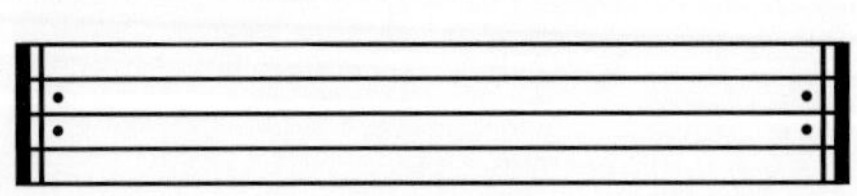

  Die Noten zwischen den beiden Zeichen werden dann wiederholt.

Erarbeitung

- Wiederholen Sie mit den Kindern, was ein Takt ist. Teilen Sie die Blätter „Takte mit A" aus. Erklären Sie:
  Die Notenlinien sind mit Strichen in kleine Abschnitte unterteilt. Diese Striche nennt man Taktstriche. Die Abschnitte heißen Takte.
- Besprechen Sie die Aufgabe. Die Kinder malen jeweils vier Viertelnoten in einen Takt.
- Erklären Sie Aufgabe 2 auf dem Blatt „Die Töne C und A":
  Zuerst spielen alle gemeinsam den Ton C, danach alle gemeinsam den Ton A.

Material

Für jedes Kind:
- ✔ Arbeitsblatt „Die Töne C und A" (S. 29)

Für jedes Kind:
- ✔ Arbeitsblatt „Takte mit A" (S. 30)
- ✔ evtl. Boomwhackers (rot und lila)

8. Die Töne C und A

Verlauf

Material

- Bilden Sie anschließend zwei Gruppen (z. B. Jungen und Mädchen). Jede Gruppe spielt nun der anderen das Lied vor. Achten Sie darauf, dass die Schüler die Wiederholung spielen und jeder Ton mit der Zunge beginnt (dü – dü – dü – dü). Die beiden Gruppen wechseln nun immer nach einem Takt ab.
  Wenn Sie Boomwhackers zur Verfügung haben, spielt eine kleinere Gruppe mit Boomwhackers, wobei jeder Spieler zwei Röhren erhält (C: rot; A: lila). Die anderen Kinder spielen mit der Flöte immer abwechselnd einen Takt. Tauschen Sie oft die Gruppen, damit alle die Boomwhackers spielen können.

Abschluss

- Besprechen Sie mit den Kindern Aufgabe 3. Die Schüler schreiben die Buchstaben C und A jeweils über die Töne. (Übernehmen Sie diese Aufgabe, wenn die Kinder noch nicht schreiben können.)
- Spielen Sie die Melodie gemeinsam. Die Kinder üben das Lied als Hausaufgabe.

Die Töne C und A

1. Male eine Reihenfolge mit den Tönen C und A als Viertelnoten. Male das Wiederholungszeichen dazu.

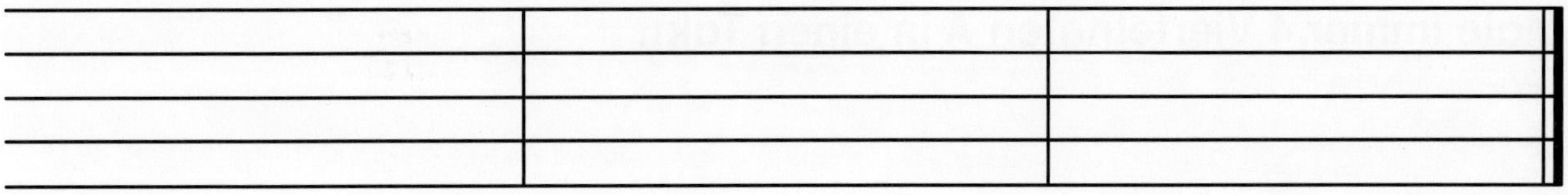

C

wie Clown

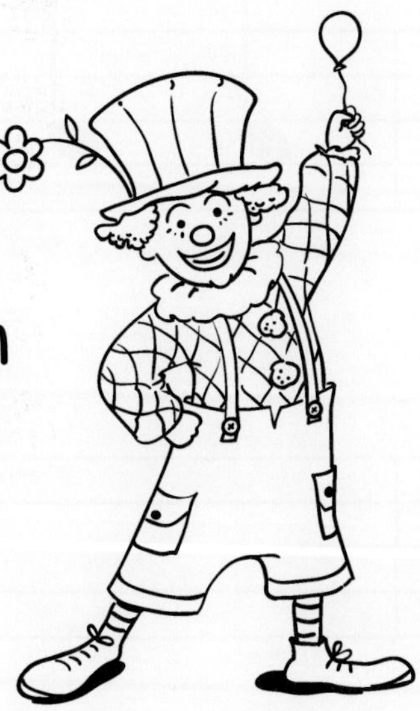

A

wie Affe

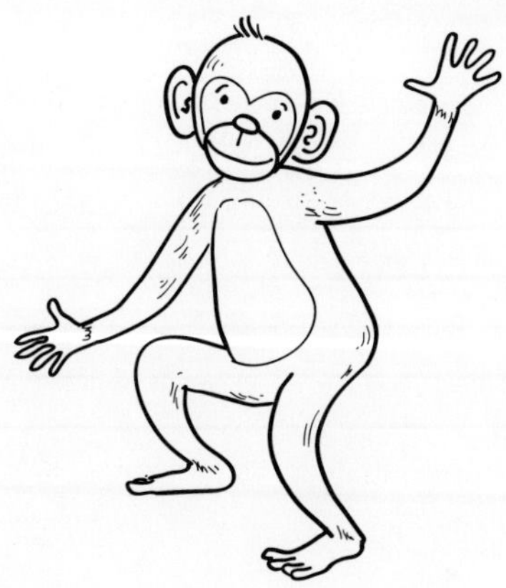

2. Spiele die Melodie.

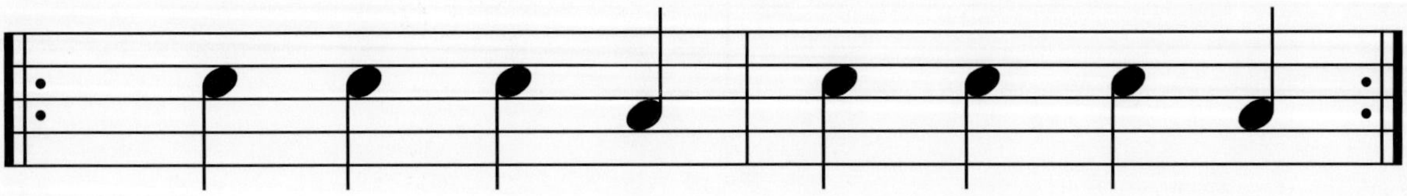

3. Übe die „Fingerschaukel".

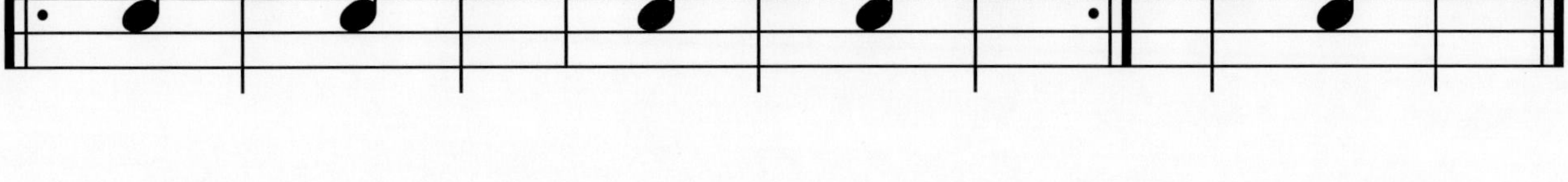

ISBN 978-3-8346-3901-1 | www.verlagruhr.de

Takte mit A

Die Notenlinien sind mit Strichen in kleine Abschnitte unterteilt.
Diese Striche nennt man **Taktstriche**. Die Abschnitte heißen **Takte**.

Male immer 4 Viertelnoten A in einen Takt.

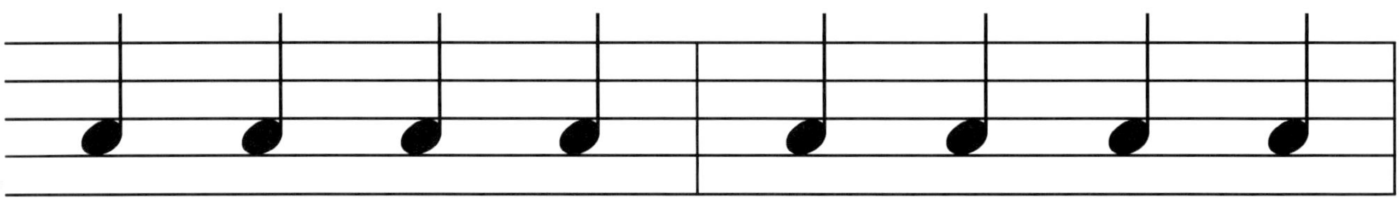

ISBN 978-3-8346-3901-1 | www.verlagruhr.de

9. D wie Delfin

Verlauf

Einstieg

- → Wiederholen Sie gemeinsam die Notenwerte:
  Ausgemalte Noten sind kurz: Viertelnoten
  Nicht ausgemalte Noten ohne/mit Notenhals sind lang: ganze und halbe Noten.
- → Teilen Sie den Kindern die Blätter „Liedanfänge“ aus. Die Schüler kleben sie ins Heft.
- → Nehmen Sie eine Handtrommel oder einen Boomwhacker zur Hand. Spielen Sie einige Liedanfänge vor und geben Sie den Kindern den Auftrag, herauszuhören, welche Töne kurz und welche lang sind. Die Schüler notieren Viertel- bzw. halbe Noten auf ihrem Blatt.
  Summm, summ, summ, Bienchen, summ herum:

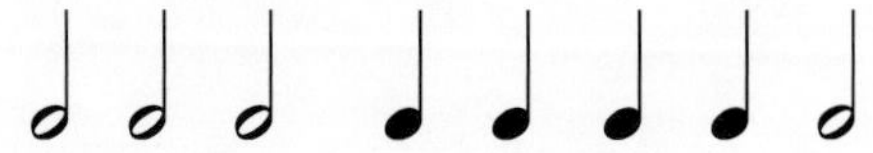

Auf der Mauer, auf der Lauer,
liegt 'ne kleine Wanze:

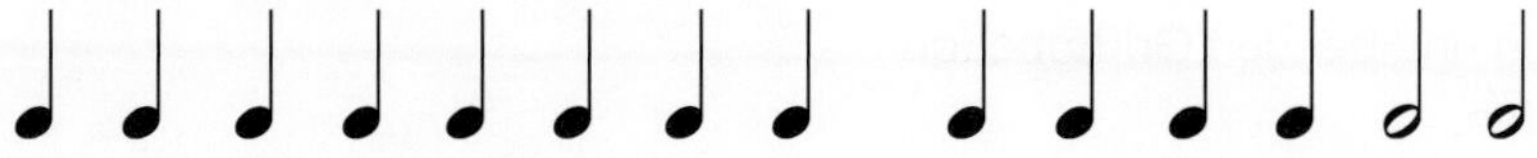

Hänschen klein ging allein:

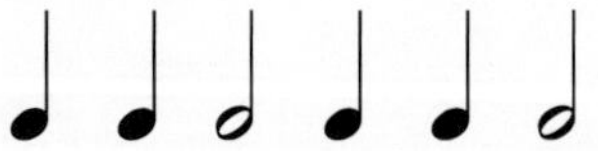

Hänsel und Gretel
verliefen sich im Wald:

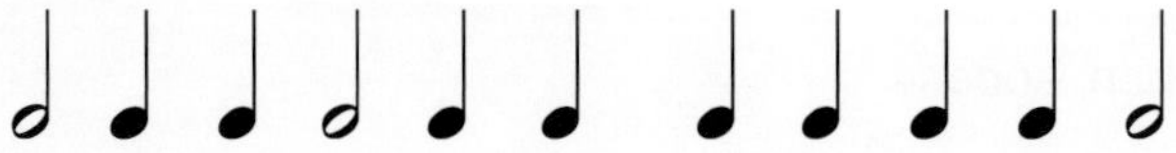

- → Im Anschluss dürfen auch einzelne Kinder die Liedanfänge vorspielen.

Erarbeitung

- → Stellen Sie den Kindern den dritten Ton vor, den sie auf der Flöte lernen: D wie Delfin. Er liegt um die vierte Linie herum. Beim Bild der Hand ist dies der Ringfinger.
- → Teilen Sie das Blatt „D wie Delfin“ aus. Die Schüler malen einige Noten D ohne Notenhals. (Wenn Sie mit Boomwhackers arbeiten, malen die Kinder die Note orange aus.)

Material

Für jedes Kind:
- ✔ Arbeitsblatt „Liedanfänge“ (S. 33)
- ✔ Handtrommel oder Boomwhacker

Für jedes Kind:
- ✔ Arbeitsblatt „D wie Delfin“ (S. 34)
- ✔ Liedblatt „Ringel, Ringel, Reihe“ (S. 35)

9. D wie Delfin

Verlauf

→ Demonstrieren Sie, wie man das D auf der Flöte greift: Der Mittelfinger der linken Hand schließt das zweite Loch auf der Vorderseite.

→ Achten Sie auf die richtige Flötenhaltung:
- *Der Flötenkopf wird an die Lippen gelegt, er darf nicht im Mund verschwinden.*
- *Die Zähne dürfen die Flöte nicht berühren.*
- *Die linke Hand ist oben, die rechte Hand ist unten am Flötenfuß.*
- *Wir blasen vorsichtig wie bei den Seifenblasen.*

D

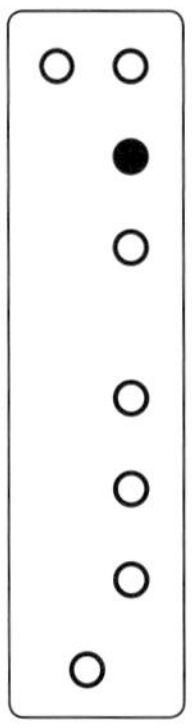

→ Sprechen Sie gemeinsam mit den Kindern die Liedanfänge aus der Einstiegsphase und spielen Sie die Rhythmen dann jeweils auf einem Ton: zuerst auf C, dann auf A und zuletzt auf dem neuen Ton D.

→ Besprechen Sie Aufgabe 2: Hier lernen die Schüler die ganze, halbe und Viertelpause kennen. Die Kinder malen die Pausen ein.

→ Kündigen Sie an, dass Sie nun ein Lied mit den drei bereits bekannten Tönen spielen werden: „Ringel, Ringel, Reihe“. Teilen Sie das Liedblatt aus. Die Schüler kleben es in ihr Heft.

→ Geben Sie den Schülern den Auftrag, über jeden Ton den entsprechenden Buchstaben zu schreiben und bei den Grifftabellen die entsprechenden Löcher auszumalen.

→ Die Kinder spielen gemeinsam die Melodie.

→ Bilden Sie verschiedene Gruppen, die die Melodie mit weiteren Instrumenten begleiten (z. B. Xylophone, Boomwhackers, Triangel, Glöckchen). Sie können auch noch mit Klavier/Keyboard mitspielen. Nehmen Sie dazu das Liedblatt „Ringel, Ringel, Reihe – alle Stimmen“ zur Hand. Legen Sie einen Ablauf fest, wann welche Instrumente mitspielen oder Pause haben.

Abschluss

→ Tragen Sie den Kindern auf, das Lied zu Hause zu üben, sodass sie es möglichst auswendig spielen können.

Material

- ✔ evtl. Liedblatt „Ringel, Ringel, Reihe – alle Stimmen" (S. 36)
- ✔ evtl. Triangel
- ✔ evtl. Glöckchen
- ✔ evtl. Xylophone
- ✔ evtl. Klavier/Keyboard
- ✔ evtl. Boomwhackers (rot, lila, orange)

Liedanfänge

kurz lang

Summm, summ, summ, Bienchen, summ herum:

Auf der Mauer, auf der Lauer, liegt ’ne kleine Wanze:

Hänschen klein ging allein:

Hänsel und Gretel verliefen sich im Wald:

ISBN 978-3-8346-3901-1 | www.verlagruhr.de

D wie Delfin

1. Male einige D-Noten ohne Notenhals.

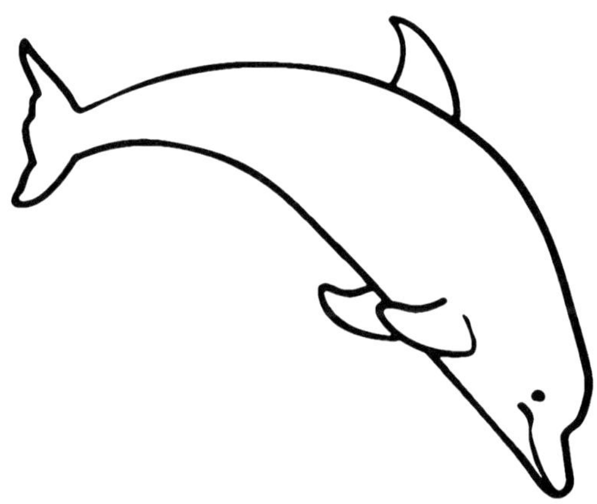

D

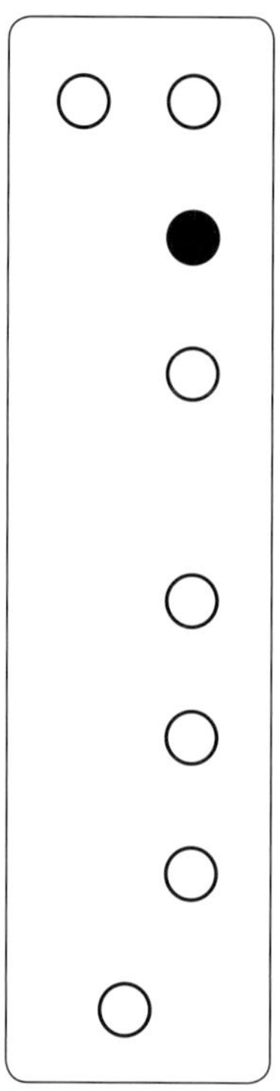

2. Entsprechend den Notenlängen gibt es auch Pausenzeichen. Male die Pausen.

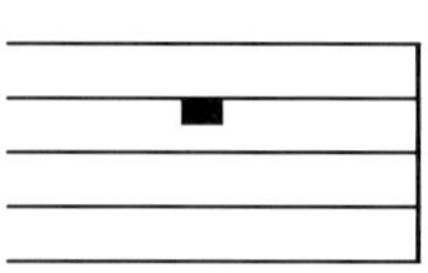

Ganze Pause = 4 Schläge

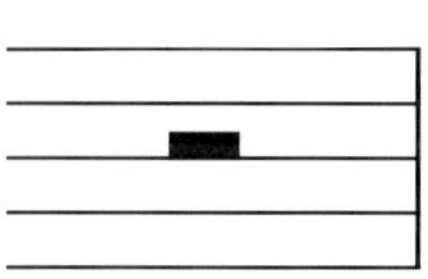

Halbe Pause = 2 Schläge

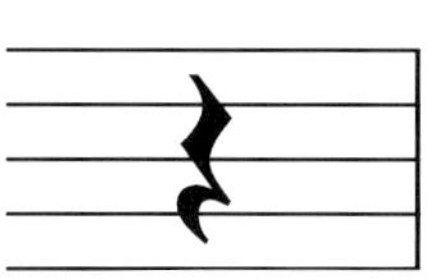

Viertelpause = 1 Schlag

 ISBN 978-3-8346-3901-1 | www.verlagruhr.de

Ringel, Ringel, Reihe

Melodie und Text: traditionell

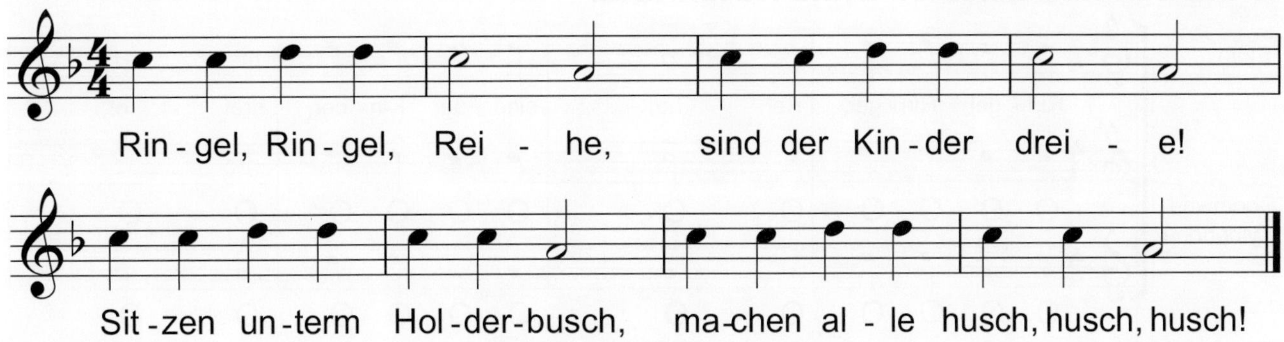

1. Male an, wie du die Töne greifen musst.

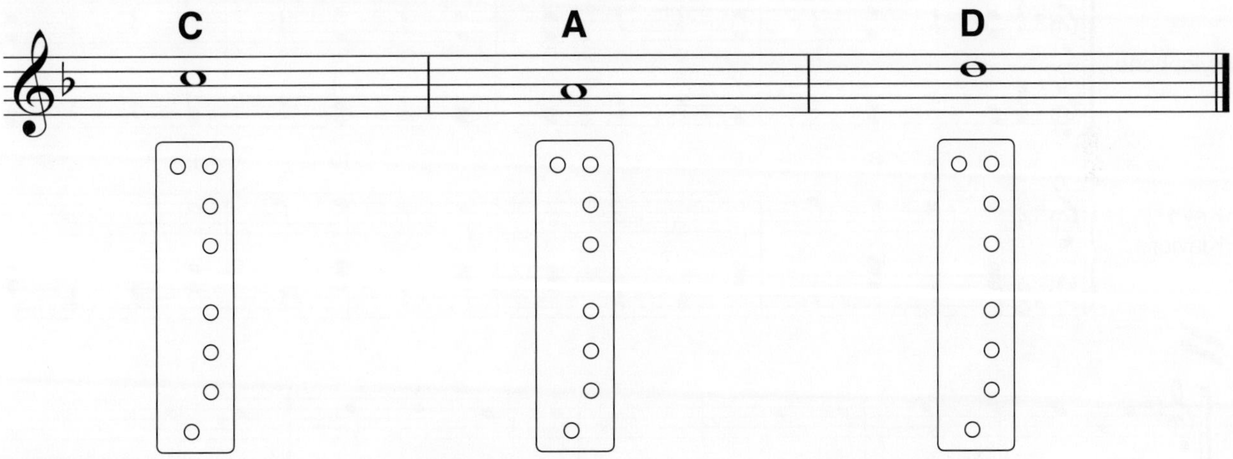

2. Begleitet das Lied mit Xylophonen oder Boomwhackern.

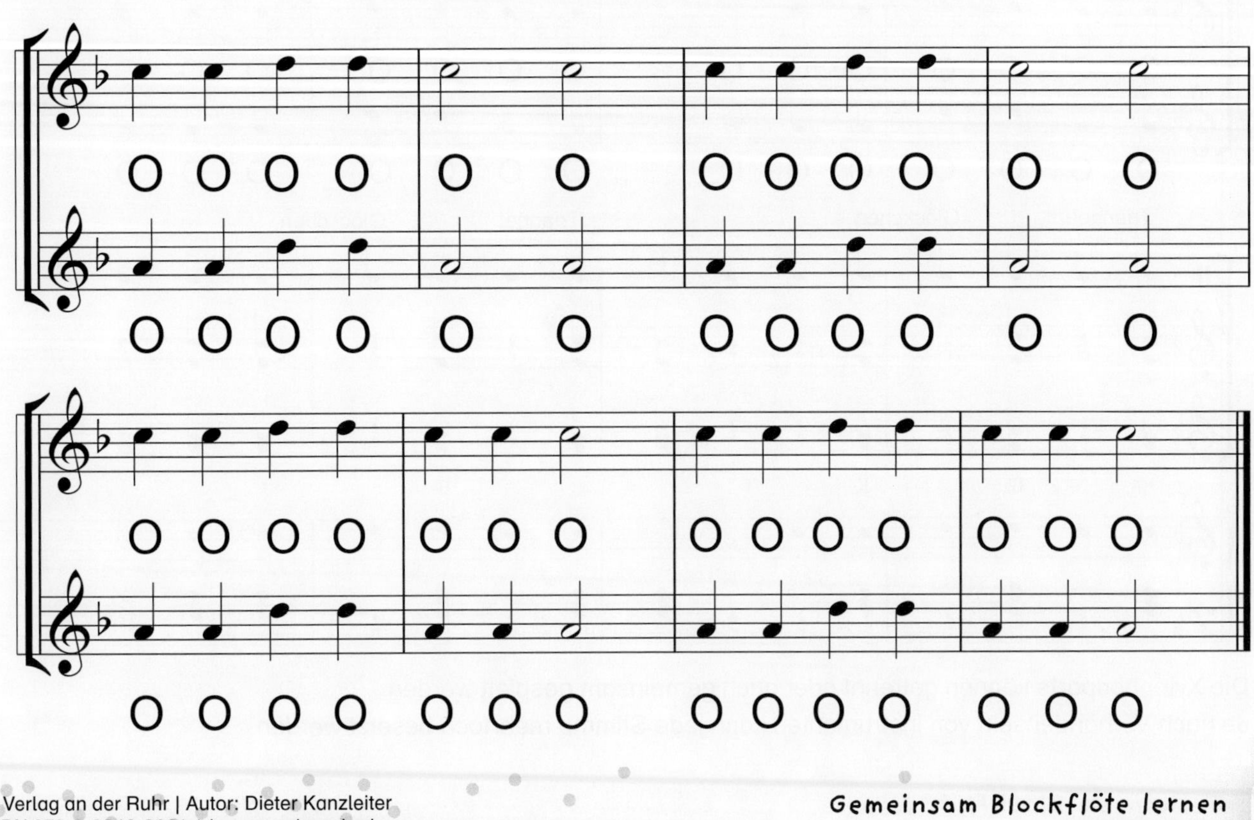

ISBN 978-3-8346-3901-1 | www.verlagruhr.de

Ringel, Ringel, Reihe – alle Stimmen

Melodie und Text: traditionell

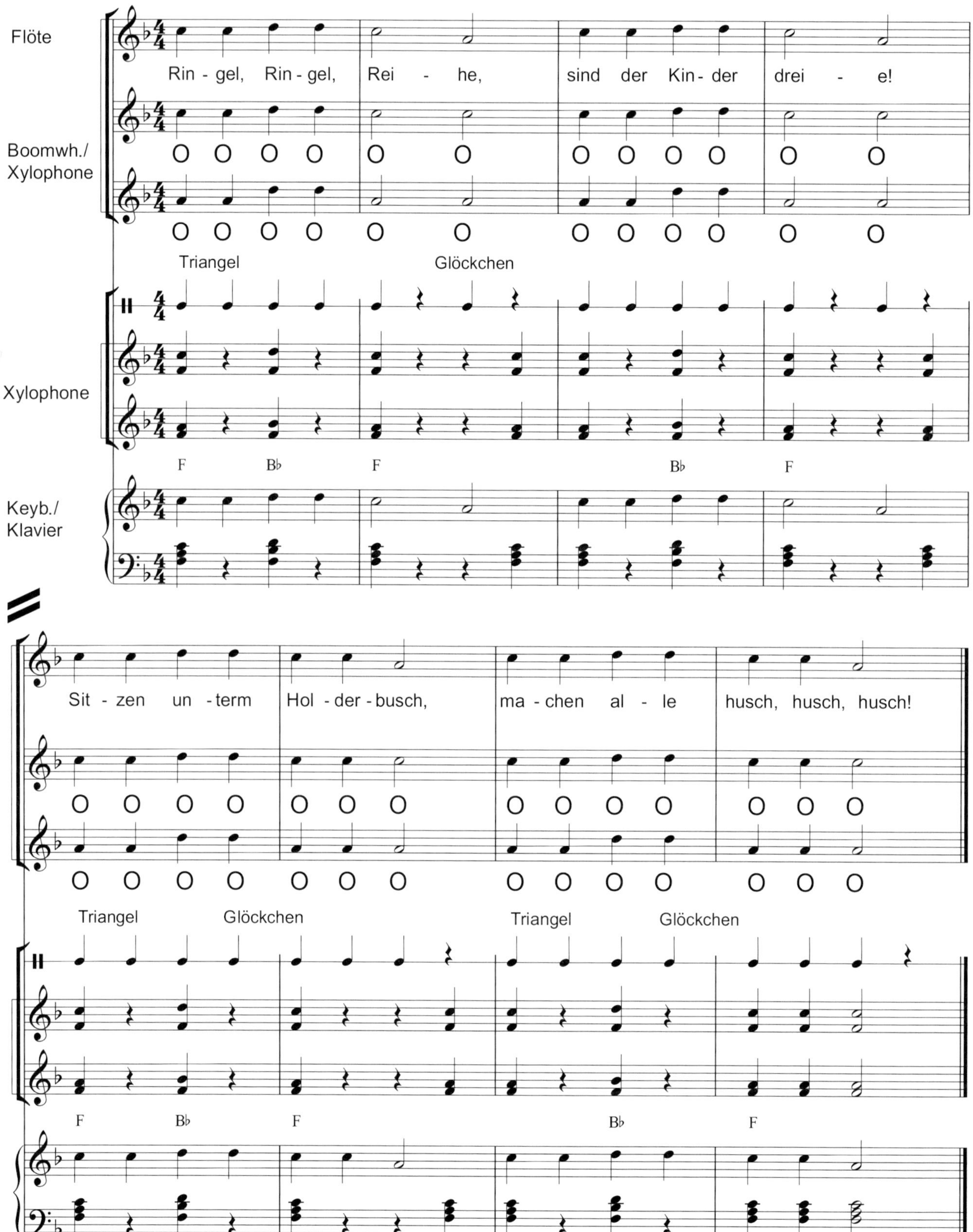

Die Xylophonparts können getrennt oder auch gemeinsam gespielt werden.
Je nach Vorhandensein von Instrumenten kann jede Stimme mehrfach besetzt werden.

ISBN 978-3-8346-3901-1 | www.verlagruhr.de

10. Der Notenschlüssel

Verlauf

Einstieg

- ➜ Fragen Sie die Kinder, was sie sich unter einem Notenschlüssel vorstellen und wie einer aussehen könnte.
- ➜ Erklären Sie den Kindern, dass am Anfang eines Musikstückes immer der Notenschlüssel steht. Er zeigt an, welcher Ton gemeint ist.

Erarbeitung

- ➜ Teilen Sie das Arbeitsblatt „Der Notenschlüssel" aus. Die Kinder versuchen, einen Notenschlüssel selbst zu malen. Im Beispiel ist dies als Hilfestellung in vier Schritte eingeteilt.
- ➜ Teilen Sie das Arbeitsblatt „Takte mit D, C und A" aus. Erklären Sie Aufgabe 1: Die Kinder malen in jeden Takt vier Viertelnoten D.
- ➜ Im Anschluss notieren die Schüler bei Aufgabe 2 eigene Melodien mit den Tönen D, C und A. (Wenn Sie mit Boomwhackern arbeiten, malen die Kinder das C jeweils rot, das A lila und das D orange an.)
- ➜ Lassen Sie einige Kinder ihre Melodien auf der Flöte vorspielen.
- ➜ Lernen Sie im Anschluss ein neues Lied. Teilen Sie dazu das Liedblatt „Schneider Mock" aus. Die Schüler kleben es in ihr Heft.
- ➜ Singen Sie gemeinsam mit den Kindern das Lied, bevor Sie es mit der Flöte spielen.
- ➜ Bilden Sie verschiedene Gruppen, die die Melodie mit weiteren Instrumenten begleiten (z. B. Xylophone, Boomwhackers, Triangel, Glöckchen). Sie können auch noch mit Klavier/Keyboard mitspielen. Nehmen Sie dazu das Liedblatt „Schneider Mock – alle Stimmen" zur Hand. Legen Sie einen Ablauf fest, wann welche Instrumente mitspielen oder Pause haben.

Abschluss

- ➜ Tragen Sie den Kindern auf, das Lied zu Hause zu üben, sodass sie es möglichst auswendig spielen können.
- ➜ Ebenso üben sie das Lied „Ringel, Ringel, Reihe" weiter.

Material

- ✔ evtl. Liedblatt „Schneider Mock – alle Stimmen" (S. 41)
- ✔ evtl. Triangel
- ✔ evtl. Xylophone
- ✔ evtl. Klavier/Keyboard
- ✔ evtl. Boomwhackers (rot, lila, orange)

Für jedes Kind:

- ✔ Arbeitsblatt „Der Notenschlüssel" (S. 38)
- ✔ Arbeitsblatt „Takte mit D, C und A" (S. 39)
- ✔ Liedblatt „Schneider Mock" (S. 40)

Der Notenschlüssel

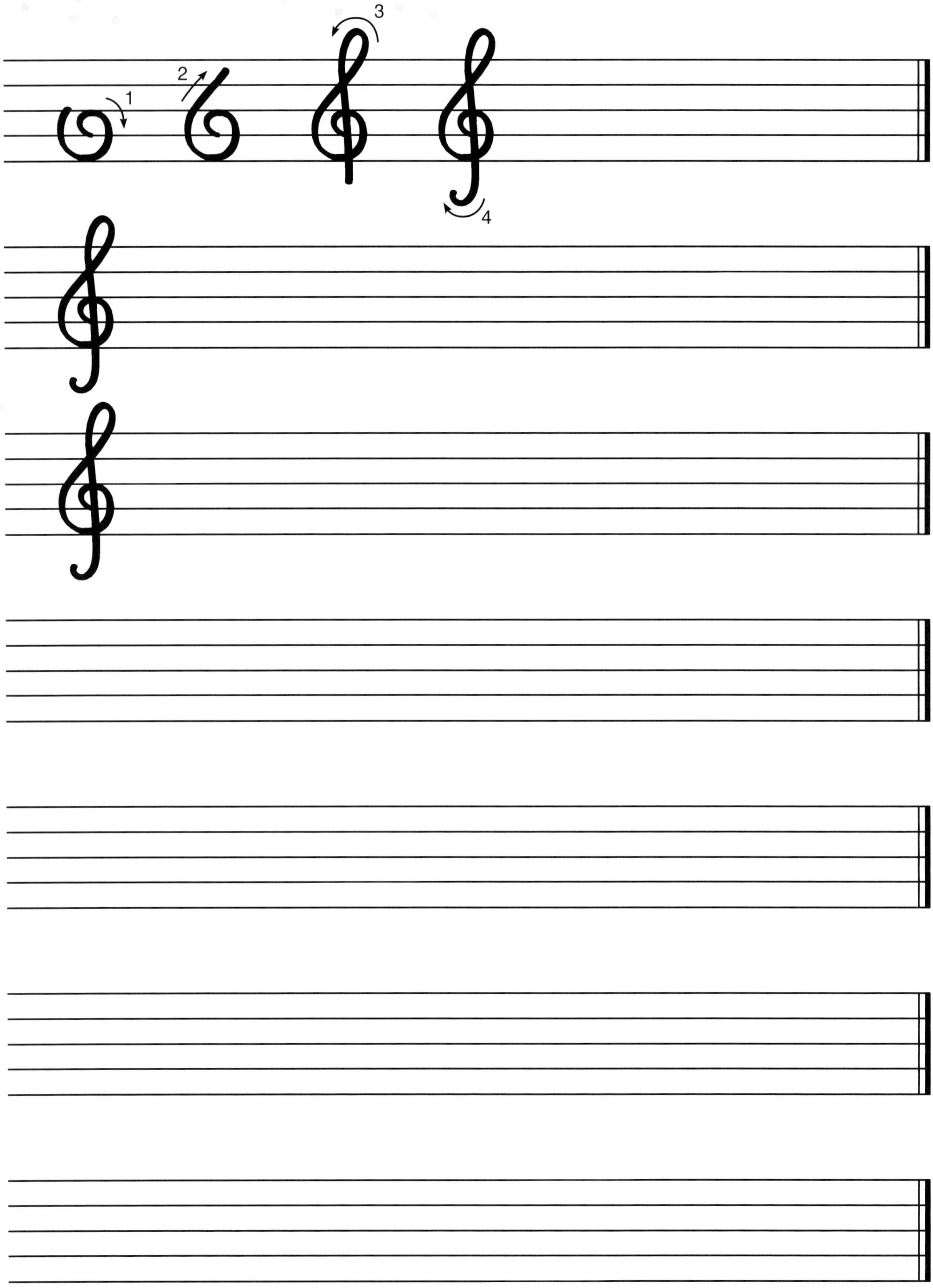

ISBN 978-3-8346-3901-1 | www.verlagruhr.de

Takte mit D, C und A

1. Male immer 4 Viertelnoten D in einen Takt.

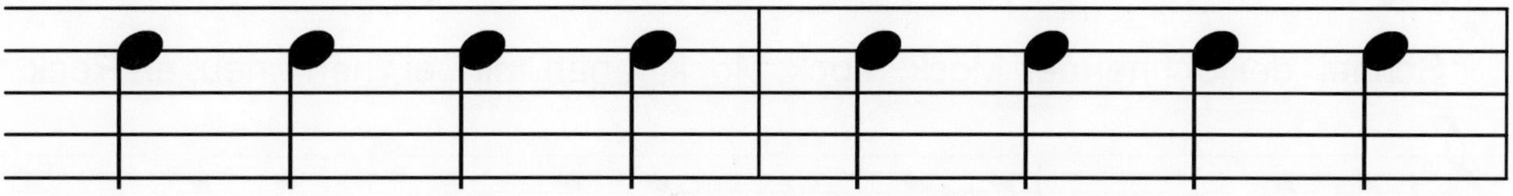

**2. Male immer 4 Viertelnoten in einen Takt.
Verwende dafür D, C und A.
Beim A geht der Notenhals rechts nach oben,
bei C und D links nach unten.**

ISBN 978-3-8346-3901-1 | www.verlagruhr.de

Schneider Mock

Melodie und Text: traditionell

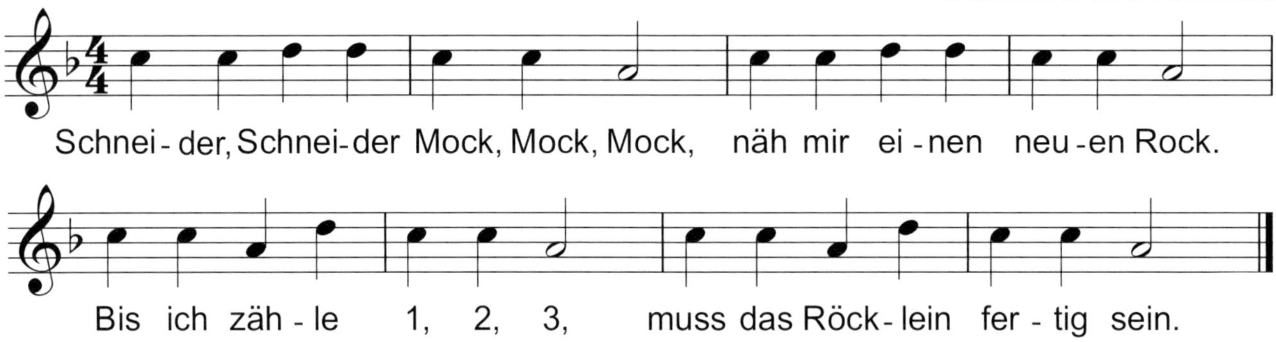

1. Male an, wie du die Töne greifen musst.

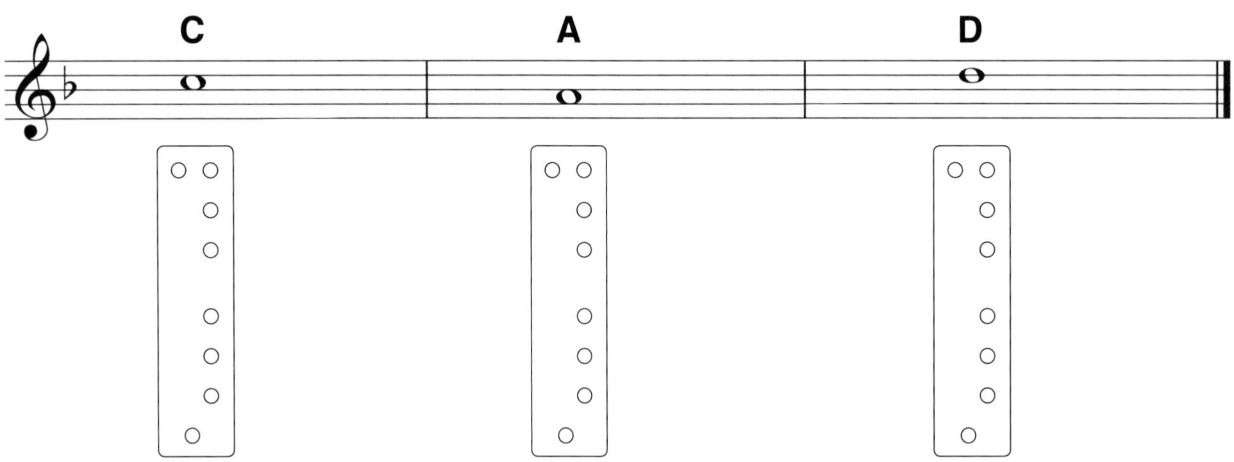

2. Begleitet das Lied mit Xylophonen oder Boomwhackern.

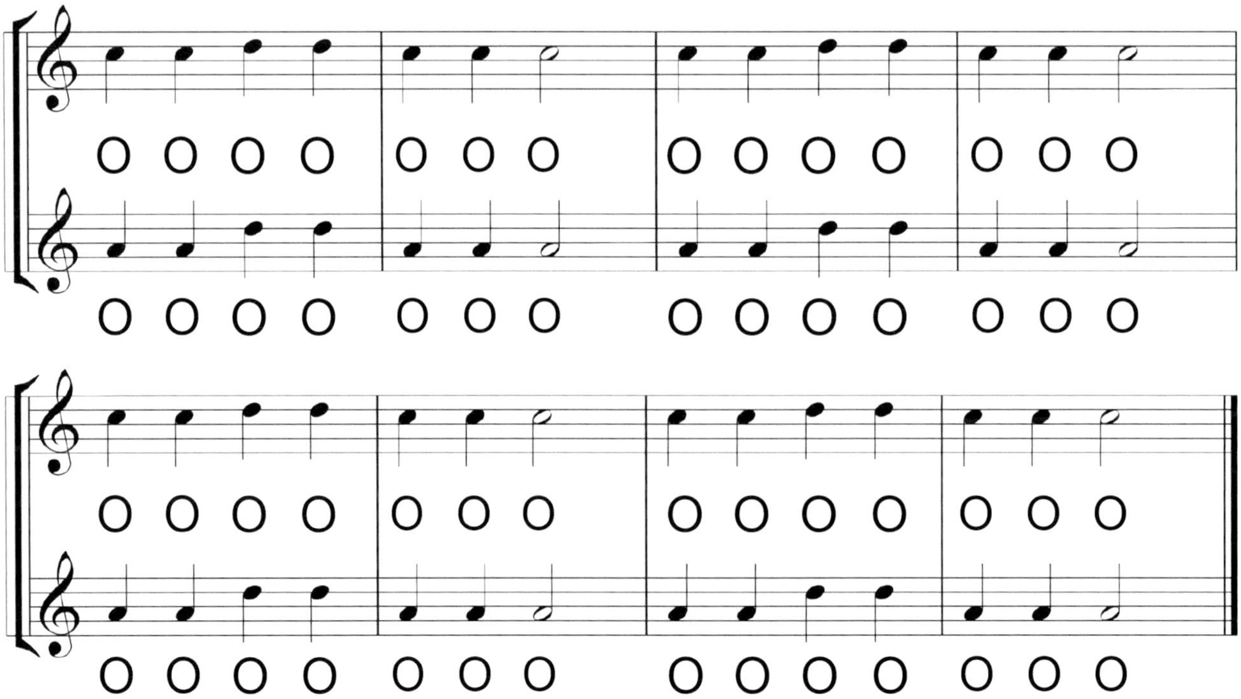

ISBN 978-3-8346-3901-1 | www.verlagruhr.de

Schneider Mock – alle Stimmen

Melodie und Text: traditionell

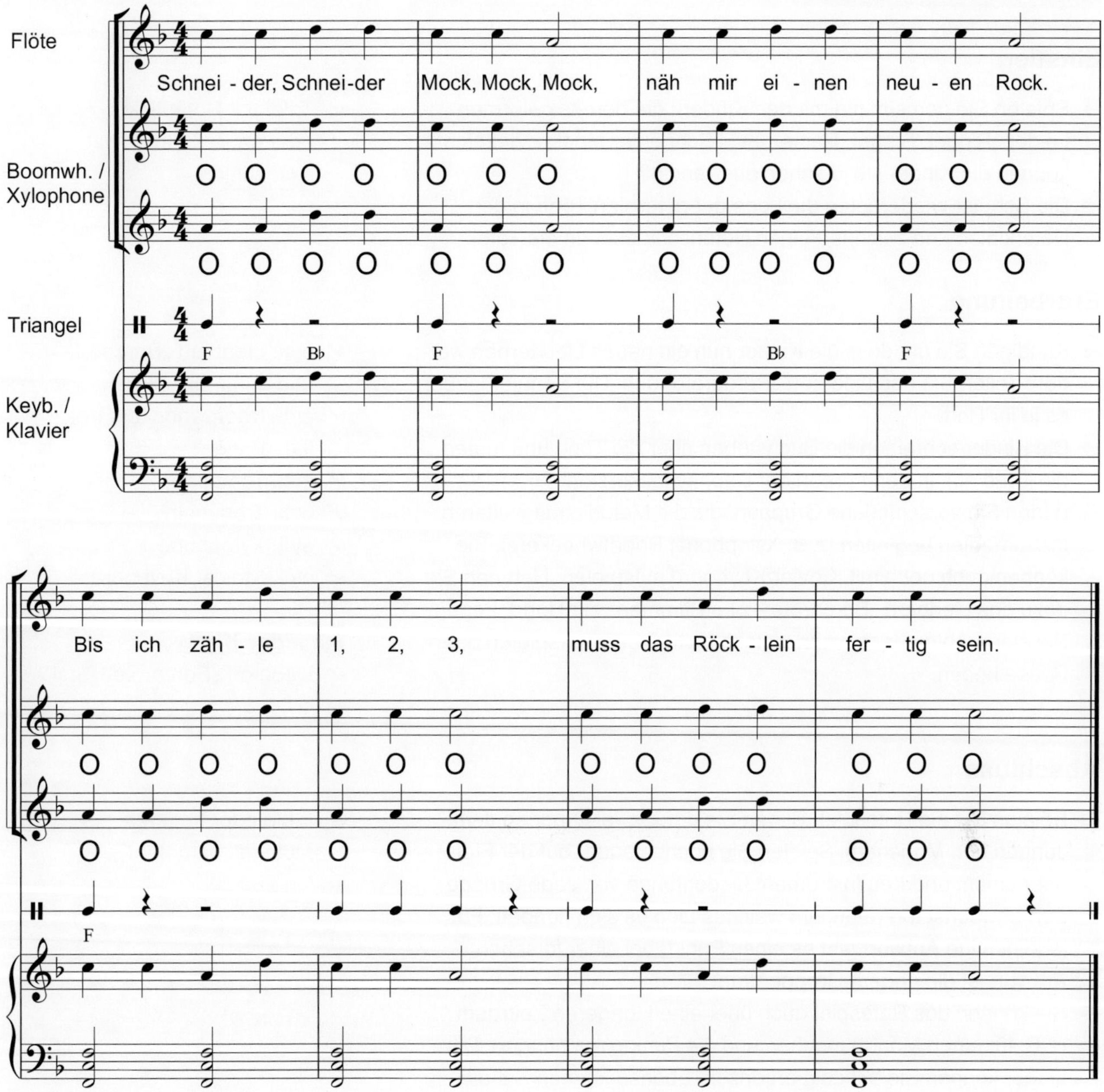

ISBN 978-3-8346-3901-1 | www.verlagruhr.de

11. Gondellied „Barcarole“

Verlauf

Einstieg

→ Spielen Sie gemeinsam mit den Kindern die bereits gelernten Lieder „Ringel, Ringel, Reihe“ und „Schneider Mock“. Vielleicht können die Kinder sie ja schon auswendig?
→ Die Schüler wiederholen die Lage der gelernten Töne in den Notenlinien und zeichnen einen Notenschlüssel an die Tafel.

Material:
✔ Tafel mit Notenlinien oder großes Plakat mit Notenlinien

Erarbeitung

→ Kündigen Sie an, dass die Kinder nun ein neues Lied lernen werden. Teilen Sie das Liedblatt „Barcarole“ aus. Die Schüler kleben es in ihr Heft.
→ Die Kinder schreiben die Buchstaben über die Töne und malen die Töne ggf. in den Farben der Boomwhackers an.
→ Bilden Sie verschiedene Gruppen, die die Melodie mit weiteren Instrumenten begleiten (z. B. Xylophone, Boomwhackers). Sie können auch noch mit Klavier/Keyboard mitspielen. Nehmen Sie dazu das Liedblatt „Barcarole – alle Stimmen“ zur Hand. Legen Sie einen Ablauf fest, wann welche Instrumente mitspielen oder Pause haben.

Material:
✔ evtl. Liedblatt „Barcarole – alle Stimmen“ (S. 44)
✔ evtl. Boomwhackers (rot, lila, orange)
✔ evtl. Tamburin
✔ evtl. Trommeln
✔ evtl. Xylophone
✔ evtl. Klavier/Keyboard

Für jedes Kind:
✔ Liedblatt „Barcarole“ (S. 43)

Abschluss

→ Spielen Sie ein Ratespiel. Bilden Sie dafür zwei Gruppen (evtl. Jungen und Mädchen). Spielen Sie nacheinander auf der Flöte oder einem anderen Instrument Liedanfänge vor. Jede Gruppe darf abwechselnd raten, um welches Lied es sich handelt. Für jede richtige Antwort gibt es einen Punkt, bei einer falschen Antwort ist die andere Gruppe dran.
→ Sie können das Ratespiel auch über einen längeren Zeitraum (z. B. für einen Monat) machen und die Punkte aushängen. Die Lieder können Sie beliebig ergänzen. Ebenso können Sie die Melodien auf verschiedenen Instrumenten vorspielen, nur den Rhythmus klopfen oder auf Silben (z. B. „Dü“) vorsingen.
→ Als Hausaufgaben üben die Kinder die Lieder weiter, sodass sie sie möglichst auswendig spielen können.

Material:
✔ Flöte oder anderes Melodieinstrument

Barcarole

Jacques Offenbach

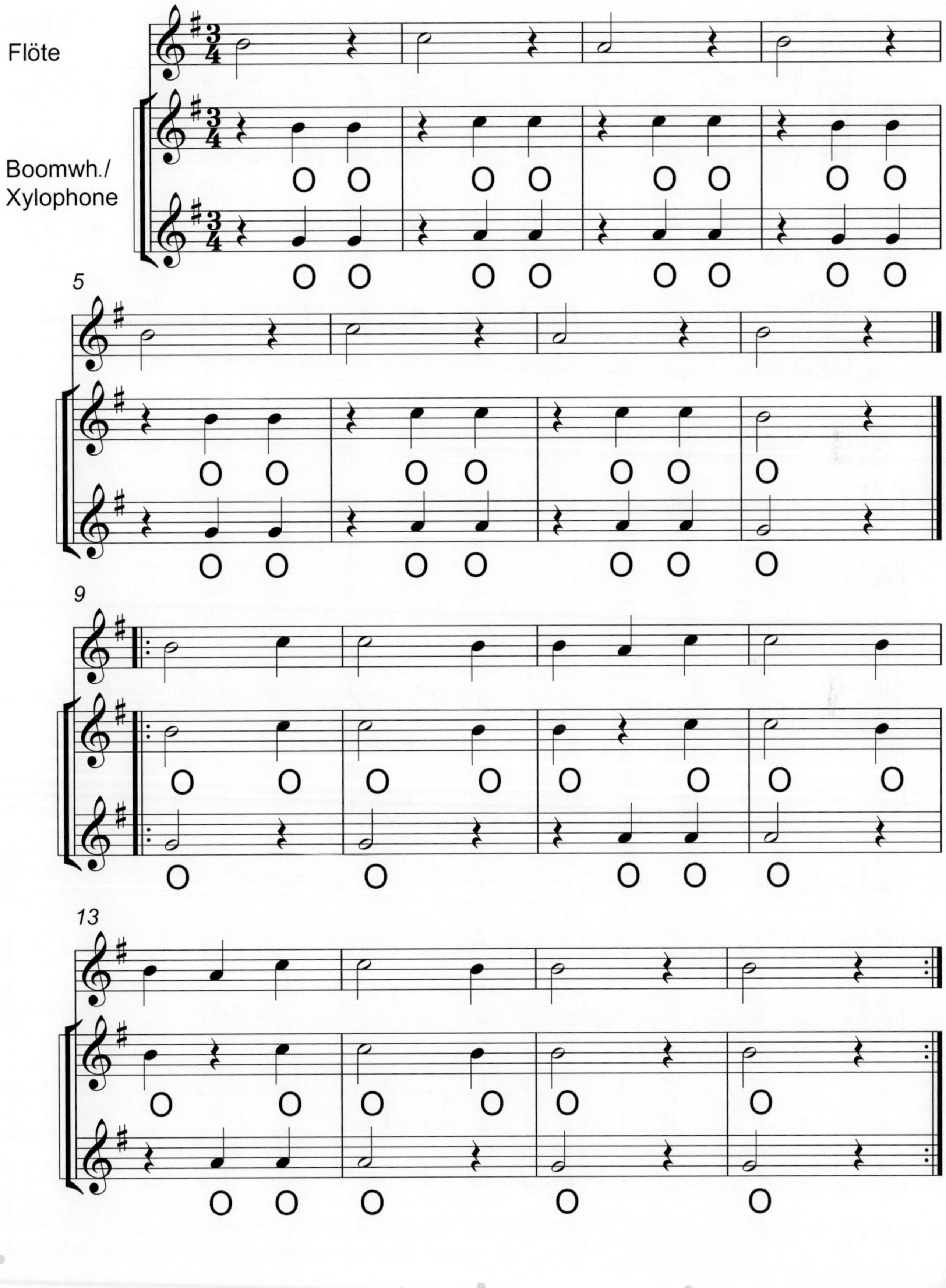

ISBN 978-3-8346-3901-1 | www.verlagruhr.de

Barcarole – alle Stimmen

Jacques Offenbach

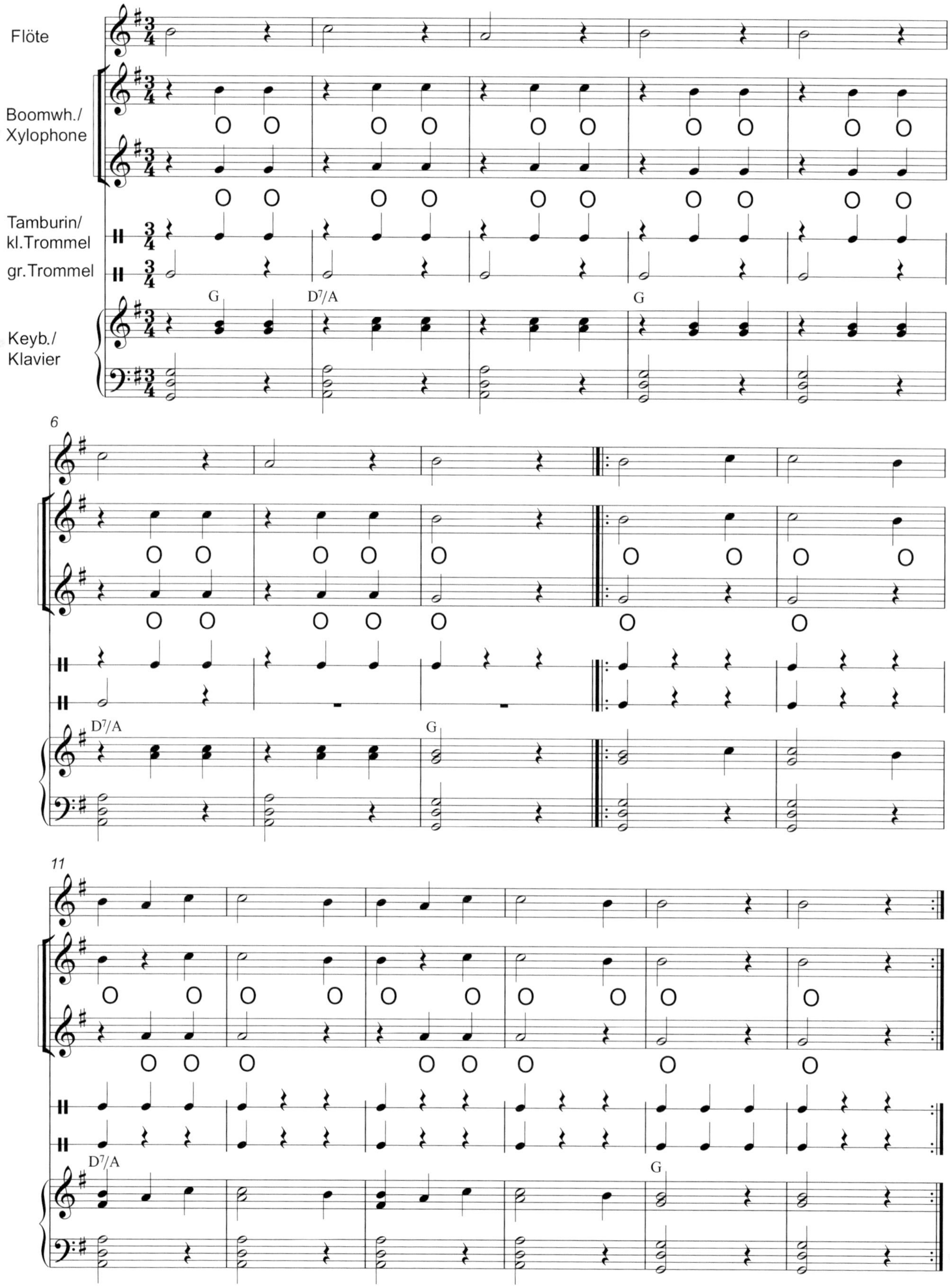

ISBN 978-3-8346-3901-1 | www.verlagruhr.de

12. H wie Hund

Verlauf

Einstieg

- Spielen Sie gemeinsam mit den Kindern die bereits gelernten Lieder „Ringel, Ringel, Reihe“, „Schneider Mock“ und „Barcarole“. Vielleicht können die Kinder sie ja schon auswendig?
- Die Schüler wiederholen die Lage der gelernten Töne in den Notenlinien.

Erarbeitung

- Stellen Sie den Kindern den vierten Ton vor, den sie nun lernen: H wie Hund. Er liegt um die dritte Linie herum. Beim Bild mit der Hand ist dies der Mittelfinger.
- Teilen Sie das Blatt „H wie Hund“ aus. Die Schüler malen einige Noten H ohne Notenhals (ggf. in Pink entsprechend der Boomwhackers).
- Erklären Sie, wie der Ton H auf der Flöte gegriffen wird: Der Daumen der linken Hand schließt das Loch auf der Rückseite, der Zeigefinger der linken Hand schließt das erste Loch auf der Vorderseite

H

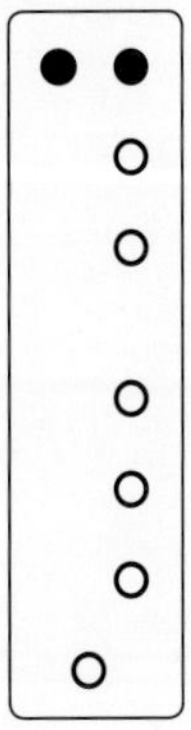

- Die Kinder bearbeiten Aufgabe 2 auf dem Arbeitsblatt und kleben es in ihr Heft.
- Lernen Sie im Anschluss mit den Kindern das neue Lied „Nebel“. Teilen Sie dazu die Blätter aus, die die Schüler ebenfalls ins Heft kleben.
- Die Kinder schreiben die Buchstaben über die Töne und malen die Töne ggf. in den Farben der Boomwhackers an.
- Erklären Sie den Kindern nochmals die Notenlängen: Noten ohne Notenhals sind ganze Noten und werden vier Schläge lang ausgehalten.
- Bilden Sie anschließend verschiedene Gruppen, die die Melodie mit weiteren Instrumenten begleiten (z. B. Xylophone, Boomwhackers: pro Spieler „H“ und „D“ bzw. „A“ und „C“). Sie können auch noch mit Klavier/Keyboard mitspielen. Nehmen Sie dazu das Liedblatt „Nebel – alle Stimmen“ zur Hand. Legen Sie einen Ablauf fest, wann welche Instrumente mitspielen oder Pause haben.

Material

- ✔ evtl. Liedblatt „Nebel – alle Stimmen“ (S. 49)
- ✔ evtl. Triangel
- ✔ evtl. Xylophon
- ✔ evtl. Klavier/Keyboard
- ✔ evtl. Boomwhackers (rot, lila, orange, pink)

Für jedes Kind:

- ✔ Arbeitsblatt „H wie Hund“ (S. 47)
- ✔ Liedblatt „Nebel“ (S. 48)

12. H wie Hund

Verlauf

Abschluss

- Teilen Sie das Blatt „Schaukelübungen" aus, das die Kinder in ihr Heft kleben.
- An den Anfang jeder Zeile malen sie den Notenschlüssel.
- Bilden Sie drei Gruppen. Alle Gruppen spielen gleichzeitig: die erste die erste, die zweite die zweite, die dritte Gruppe die dritte Zeile.
- Geben Sie den Kindern die Hausaufgabe, die drei Zeilen zu Hause zu üben – so schnell wie möglich. Die Übungen fördern die Fingerkoordination und sollen in verschiedenen Tempostufen gespielt werden.

Material

- ✔ Liedblatt „Schaukelübungen" (S. 50)

H wie Hund

1. Male einige H-Noten ohne Notenhals.

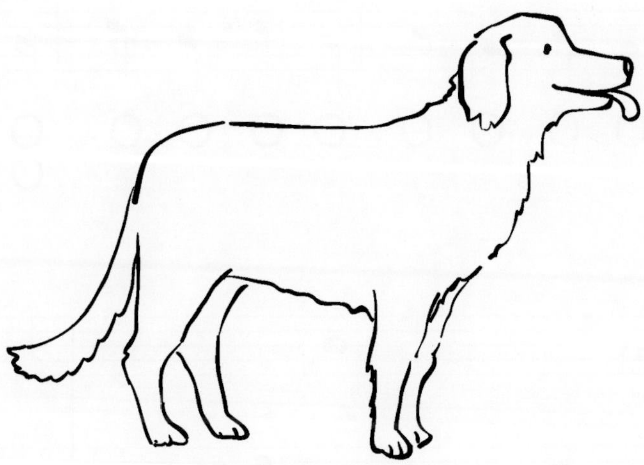

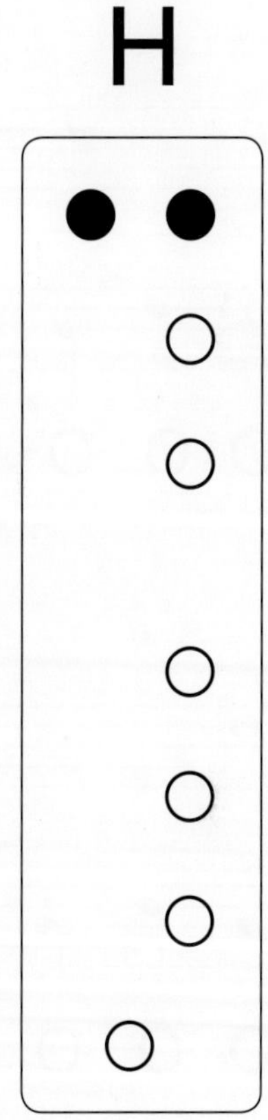

2. Male immer 4 Viertelnoten H in einen Takt.

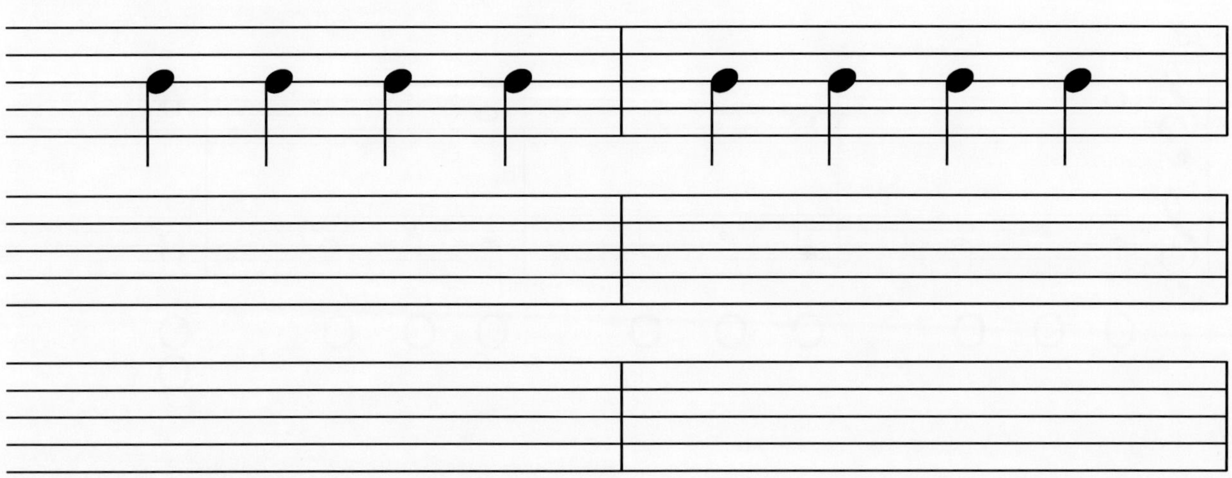

 ISBN 978-3-8346-3901-1 | www.verlagruhr.de

Nebel

D. Kanzleiter

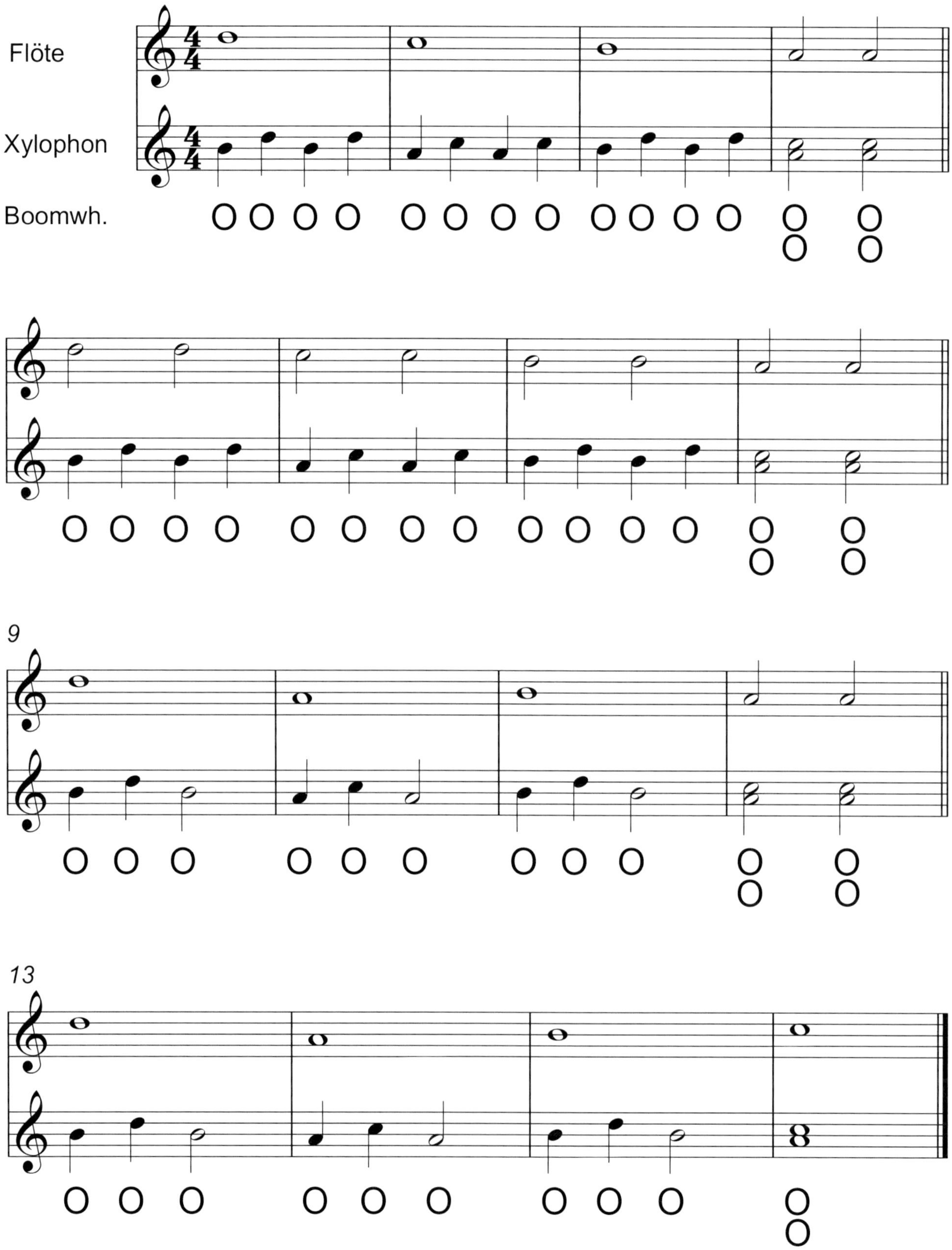

ISBN 978-3-8346-3901-1 | www.verlagruhr.de

Nebel – alle Stimmen

D. Kanzleiter

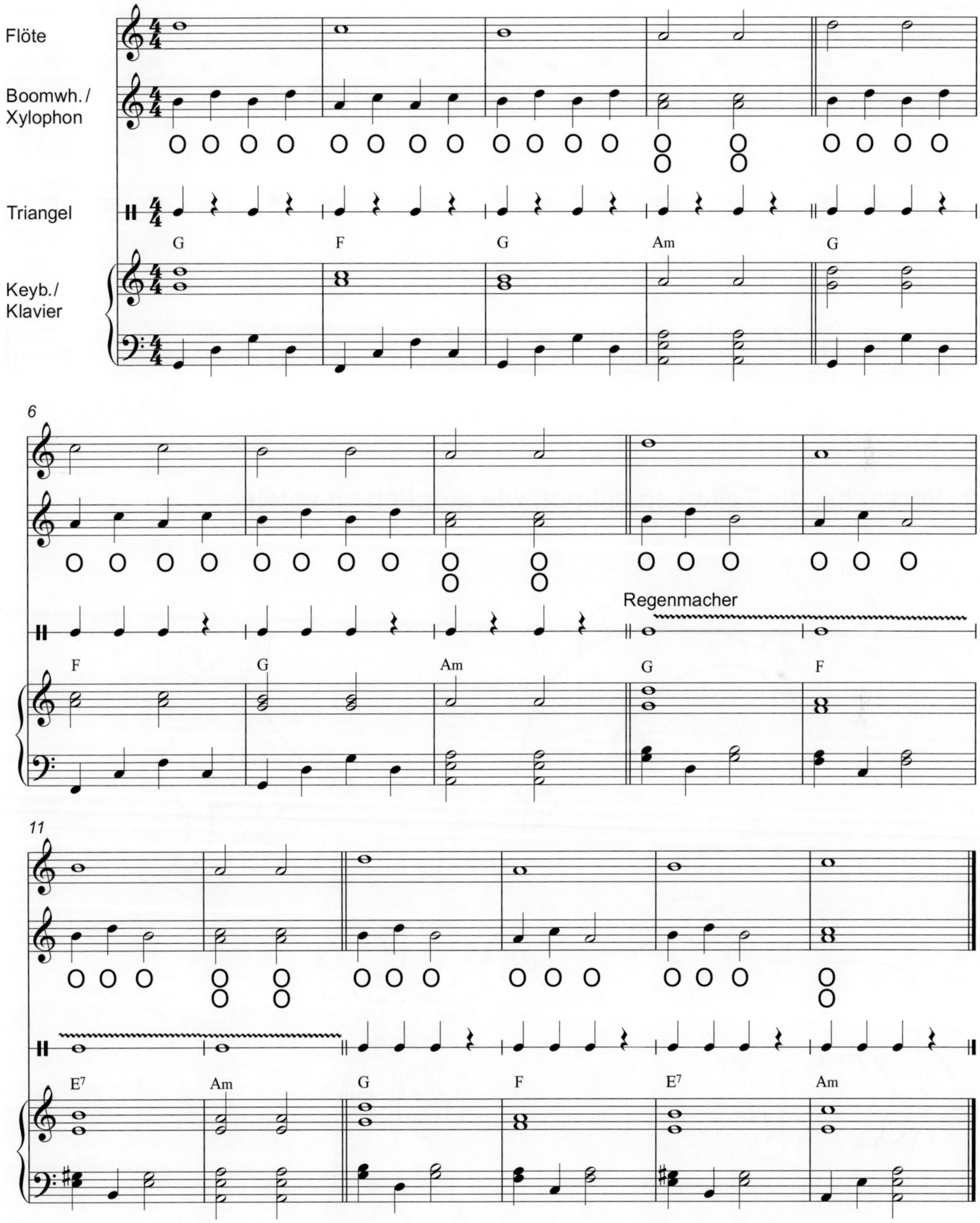

ISBN 978-3-8346-3901-1 | www.verlagruhr.de

Schaukelübungen

1. Male an den Anfang jeder Notenzeile einen Notenschlüssel.

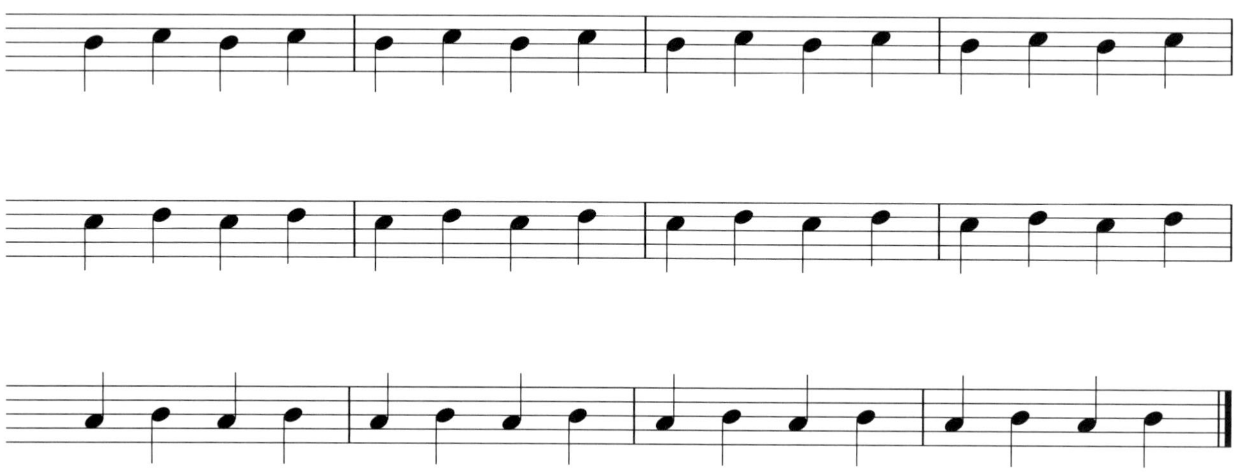

2. Versuche, die Zeilen so schnell wie möglich zu spielen.

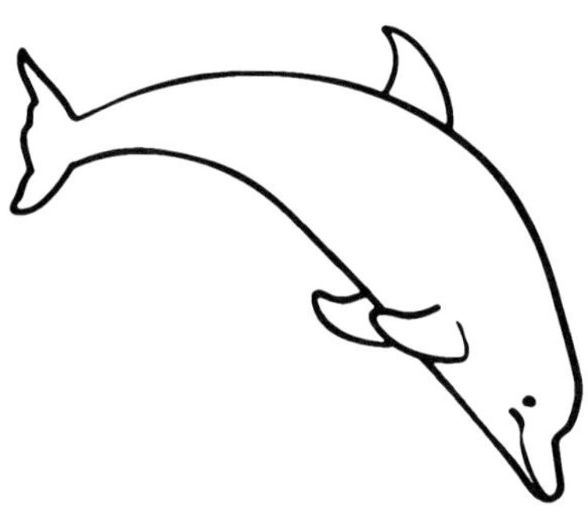

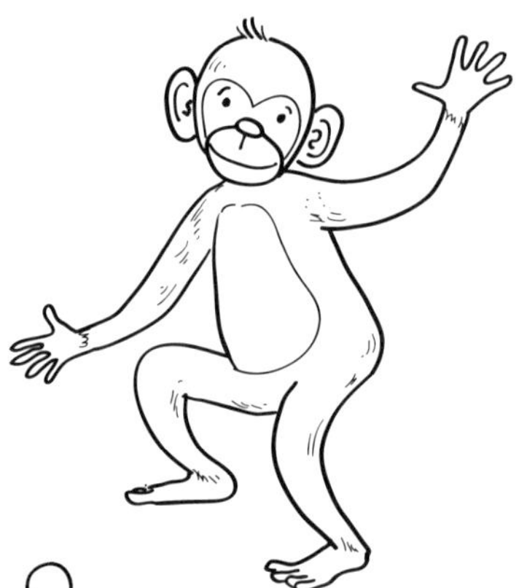

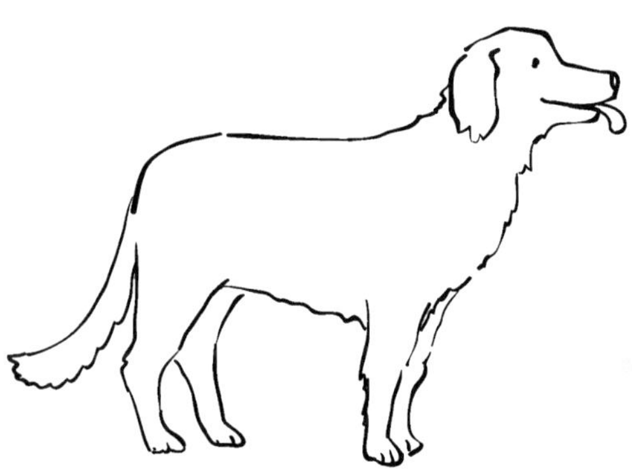

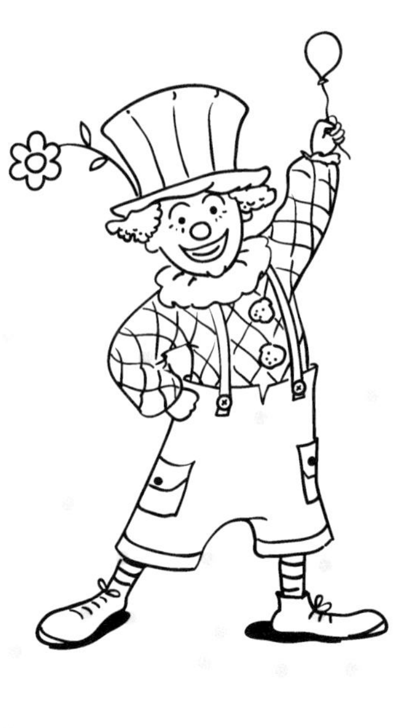

ISBN 978-3-8346-3901-1 | www.verlagruhr.de

13. G wie Giraffe

Verlauf

Einstieg

→ Spielen Sie gemeinsam mit den Kindern das Lied „Nebel“. Die Schüler wiederholen, auf welchen Linien sich die Töne befinden.

Erarbeitung

→ Stellen Sie den Kindern den fünften Ton vor: G wie Giraffe. Er liegt auf der zweiten Linie, beim Bild mit der Hand beim Zeigefinger.

→ Teilen Sie das Blatt „G wie Giraffe“ aus. Die Schüler malen einige Noten G ohne Notenhals (ggf. in Grün entsprechend den Boomwhackern).

G

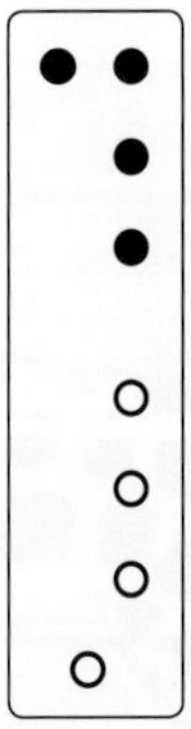

→ Erklären Sie, wie der Ton G auf der Flöte gegriffen wird: Der Daumen der linken Hand schließt das Loch auf der Rückseite, der Zeigefinger, der Mittelfinger und der Ringfinger der linken Hand schließen das erste, zweite und dritte Loch auf der Vorderseite.

→ Die Kinder bearbeiten Aufgabe 2 und kleben das Blatt in ihr Heft.

→ Lernen Sie im Anschluss mit den Kindern das Lied „Au clair de la lune“.

→ Singen Sie das Lied gemeinsam, bevor Sie es mit den Schülern auf der Flöte spielen.

→ Bilden Sie anschließend verschiedene Gruppen, die die Melodie mit weiteren Instrumenten begleiten. Legen Sie einen Ablauf fest, wann welche Instrumente mitspielen oder Pause haben.

Abschluss

→ Erklären Sie den Kindern, dass sie mit dem Erlernen der fünf Töne nun den ersten großen Abschnitt erreicht haben. Kündigen Sie ggf. an, dass Sie gemeinsam ein kleines Konzert vorbereiten werden.

Hinweis

→ Nach dieser Stunde beherrschen die Kinder die ersten fünf Töne auf der Flöte. Dies ist ein geeigneter Anlass, ein erstes kleines Konzert einzustudieren. Daher finden Sie im Anschluss an diese Stunde eine Auswahl an Liedern, aus denen Sie ein kleines Konzertprogramm zusammenstellen können.

Material

- ✔ evtl. Liedblatt „Au clair de la lune – alle Stimmen“ (S. 54)
- ✔ evtl. Triangel
- ✔ evtl. Glockenspiel
- ✔ evtl. Xylophon
- ✔ evtl. Klavier/Keyboard
- ✔ evtl. Boomwhackers (rot, lila, orange, pink, grün)

Für jedes Kind:

- ✔ Arbeitsblatt „G wie Giraffe“ (S. 52)
- ✔ Liedblatt „Au clair de la lune“ (S. 53)

- ✔ Liedblätter „Mary hat ein kleines Schaf“, „Kuckuck“, „Hänschen klein“, „Gubben Noak“, „Summ, summ, summ“, „Frühlingsmelodie“, „Schaukeln“, „Popsong“, „Heute feiern wir ein Fest“, „Europahymne“, „Kuckucksrufe“ (S. 55–70)

G wie Giraffe

1. Male einige G-Noten ohne Notenhals.

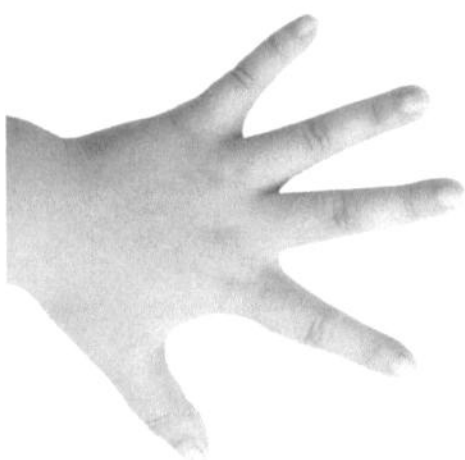

5
4
3
2 G
1

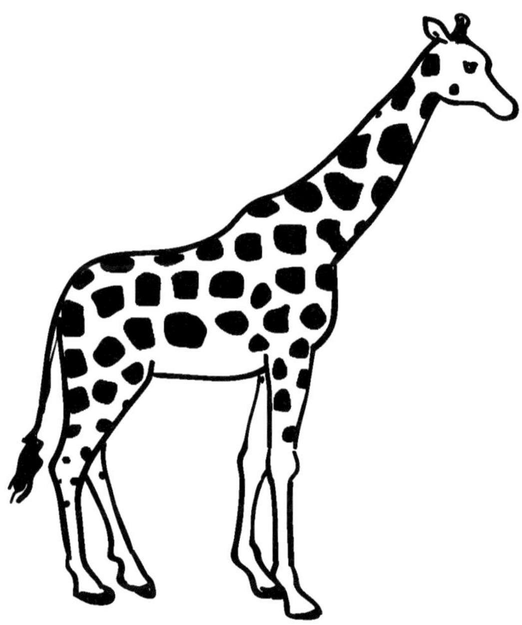

G

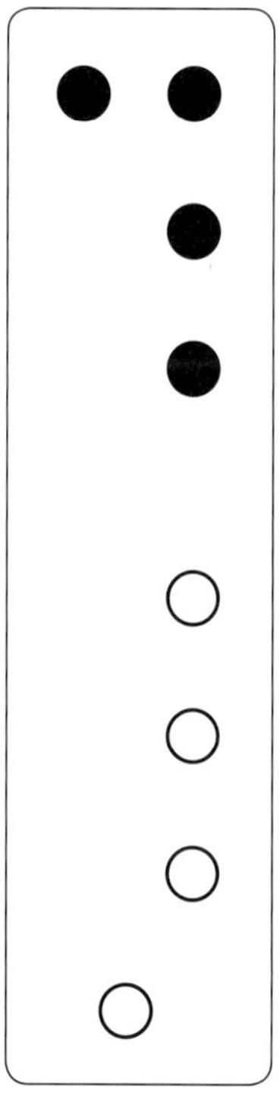

**2. Male immer 4 Viertelnoten G in einen Takt.
Male an den Zeilenbeginn immer den Notenschlüssel.**

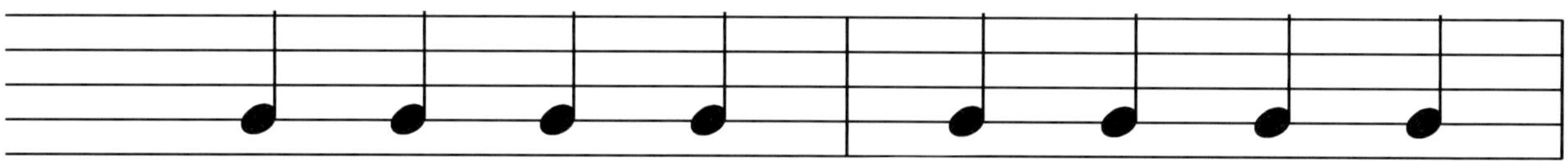

 | ISBN 978-3-8346-3901-1 | www.verlagruhr.de

Au clair de la lune

Melodie und Text: traditionell

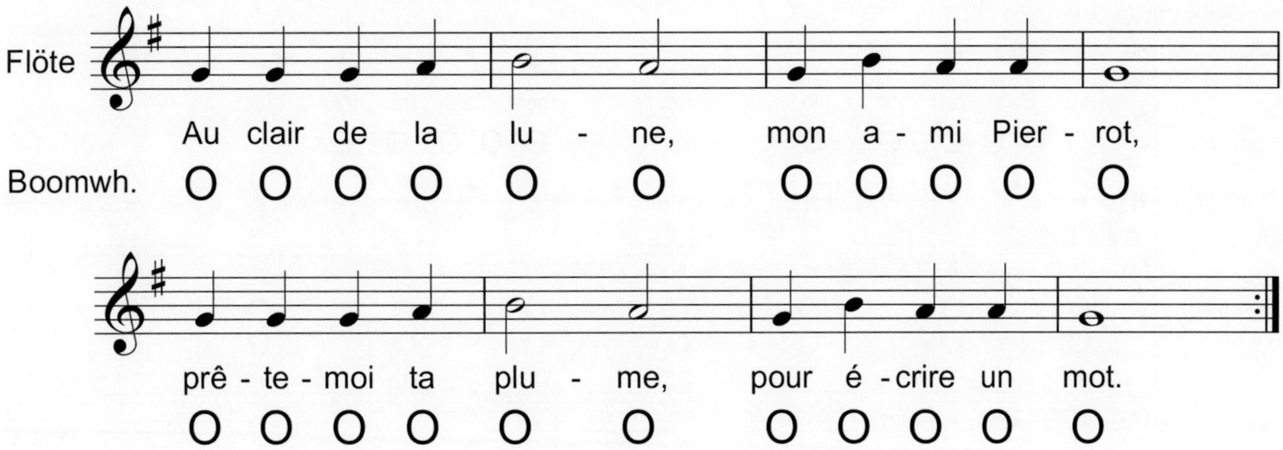

Übersetzung:
Beim Schein des Mondes, mein Freund Pierrot,
leihe mir deine Feder, um ein Wort zu schreiben.

Begleitet das Lied mit Xylophonen oder Boomwhackern.

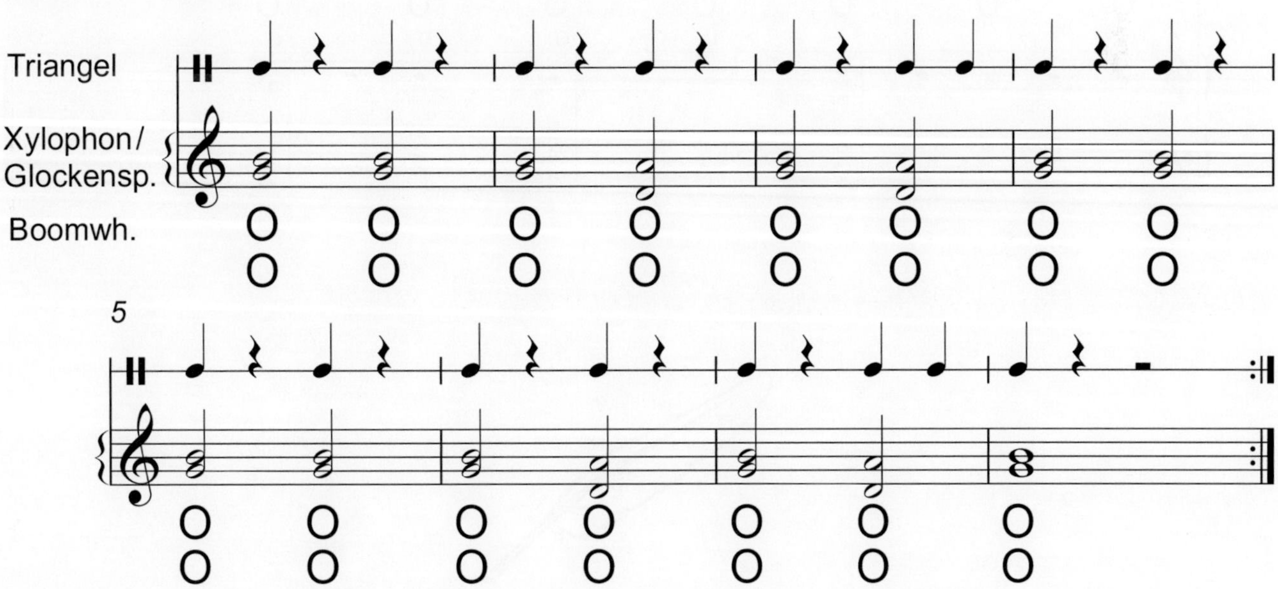

ISBN 978-3-8346-3901-1 | www.verlagruhr.de

Au clair de la lune – alle Stimmen

Melodie und Text: traditionell

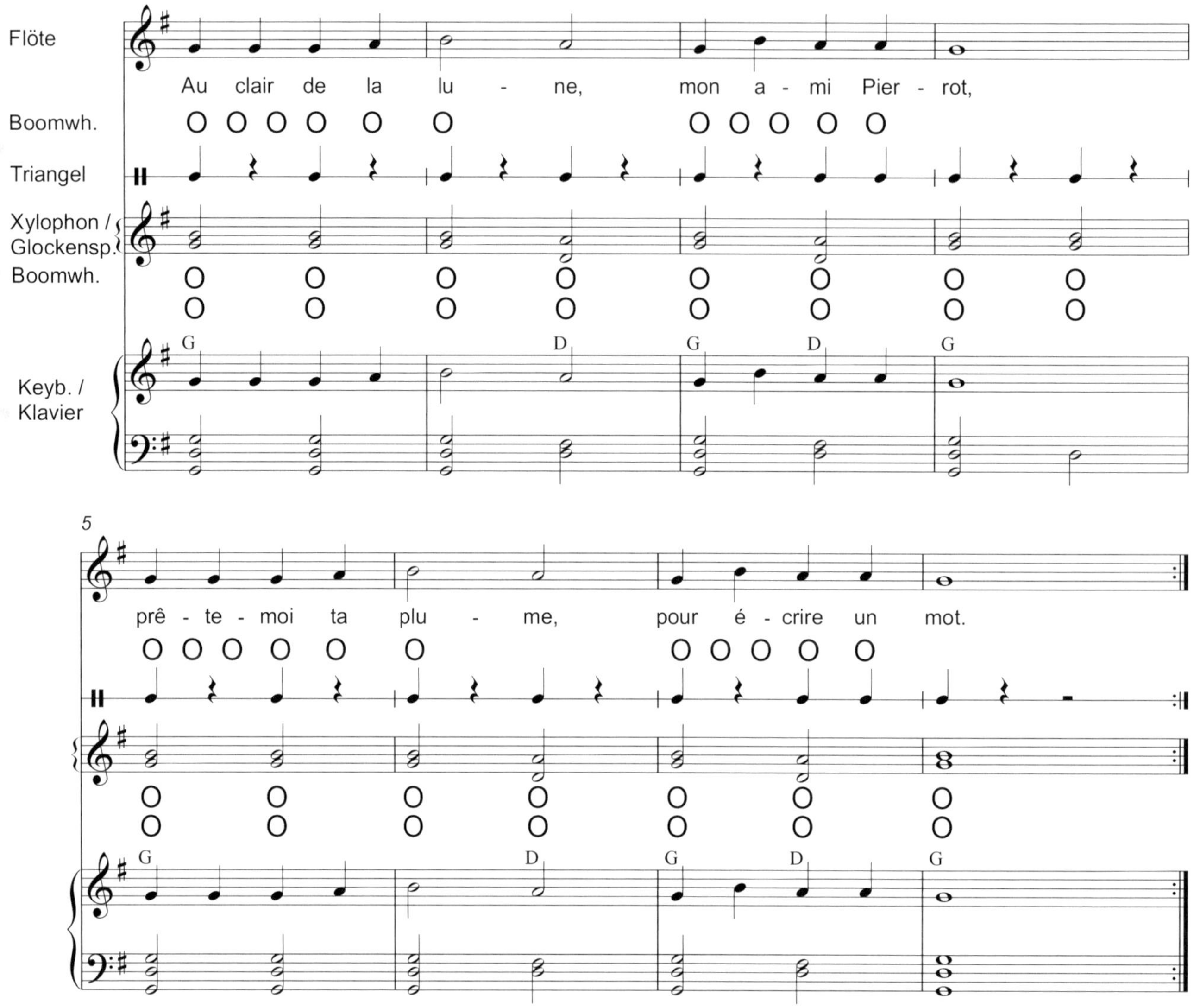

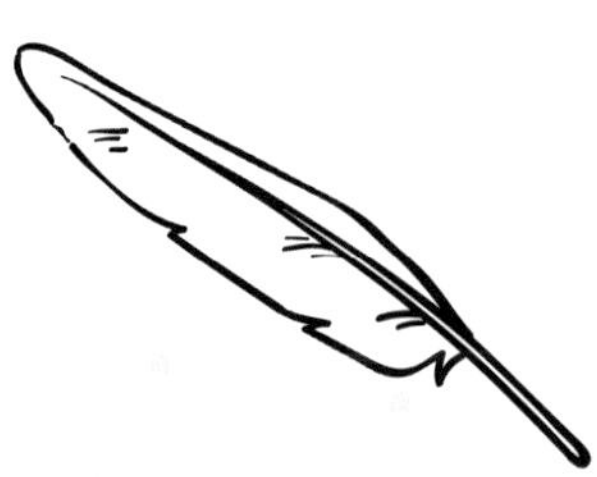

ISBN 978-3-8346-3901-1 | www.verlagruhr.de

Mary hat ein kleines Schaf

Melodie: traditionell

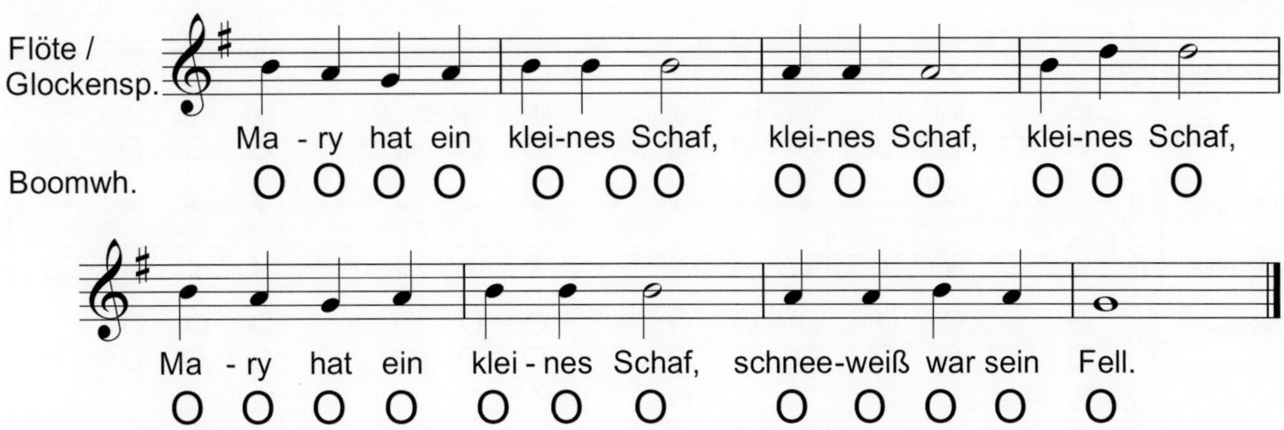

ISBN 978-3-8346-3901-1 | www.verlagruhr.de

Kuckuck

(Auf dem Flötenkopf den Kuckuck nachmachen.)

Melodie und Text: traditionell

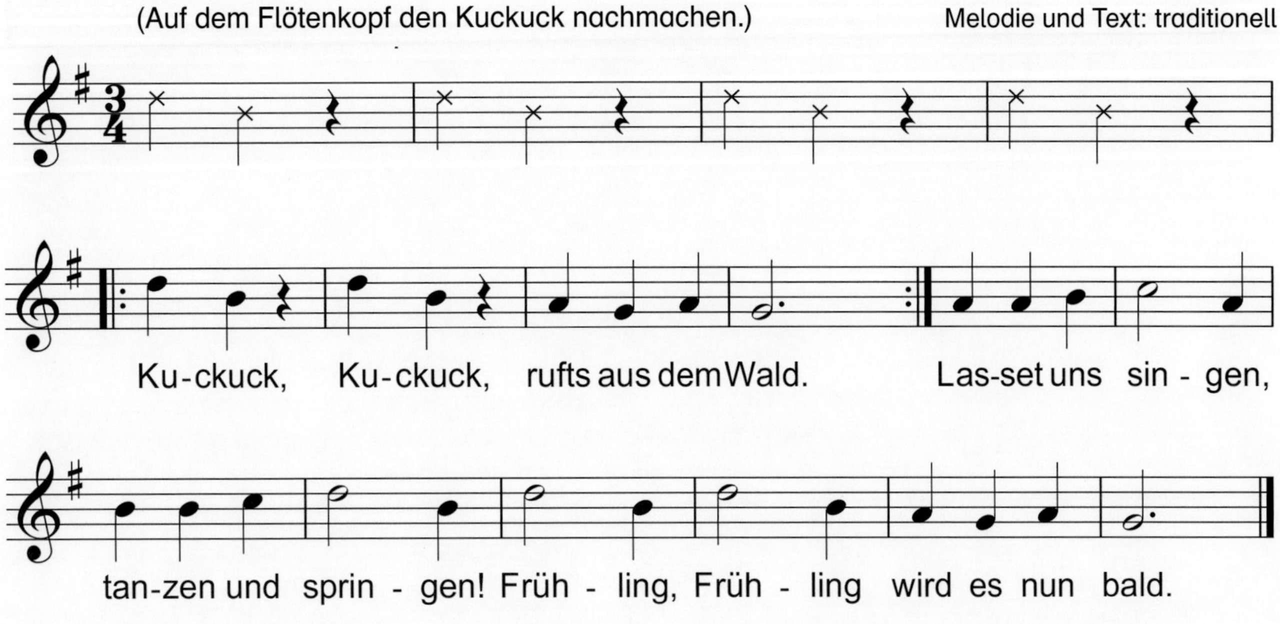

ISBN 978-3-8346-3901-1 | www.verlagruhr.de

Mary hat ein kleines Schaf

– alle Stimmen

Melodie: traditionell

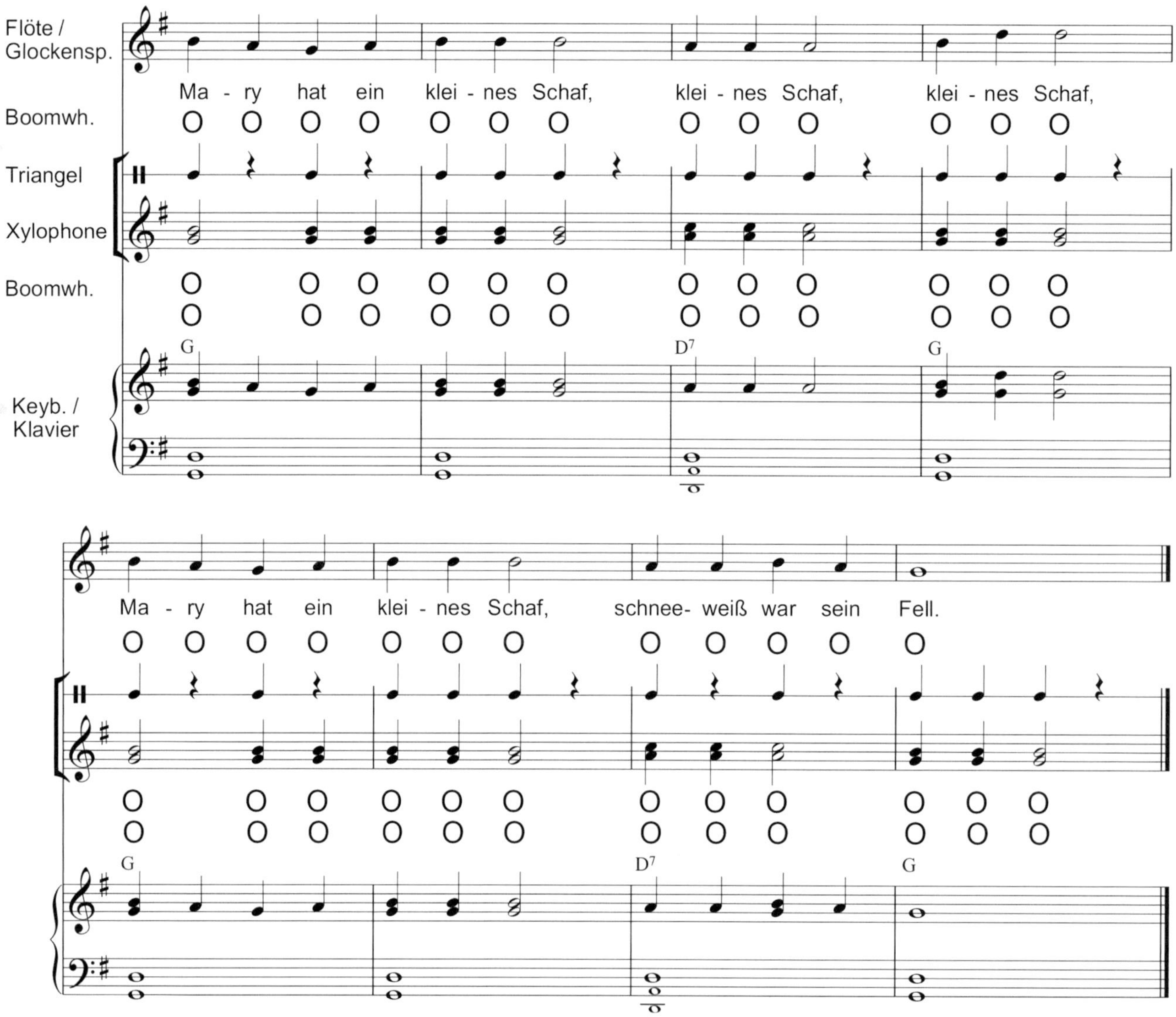

ISBN 978-3-8346-3901-1 | www.verlagruhr.de

Kuckuck – alle Stimmen

(Auf dem Flötenkopf den Kuckuck nachmachen.)

Melodie und Text: traditionell

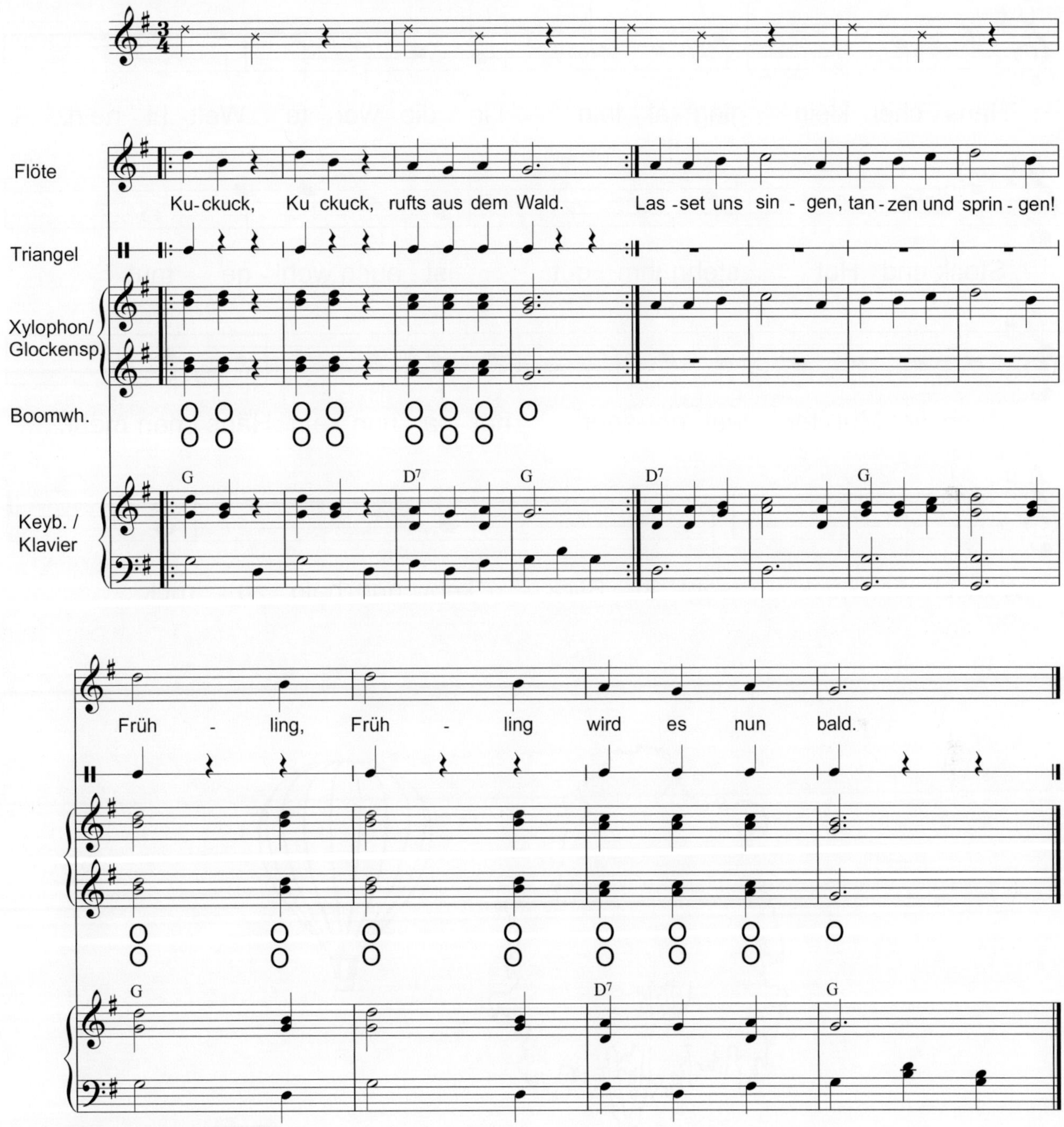

Vorschlag für den Ablauf:

1. Kuckucksruf auf dem Flötenkopf von einem Schüler
2. Boomwhacker-Begleitung Takte 5–8 solo 2-mal
3. Xylophon-Begleitung Takte 5–8 Solo 2-mal
4. Gemeinsames Flöten des Liedes
5. Gemeinsames Singen des Liedes (mit Keyboard/Klavier)
6. Boomwhacker-Begleitung Takte 5–8 Solo 2-mal
7. Xylophon-Begleitung Takte 5–8 Solo 2-mal
8. Gemeinsames Flöten des Liedes

ISBN 978-3-8346-3901-1 | www.verlagruhr.de

Hänschen klein

Melodie und Text: traditionell

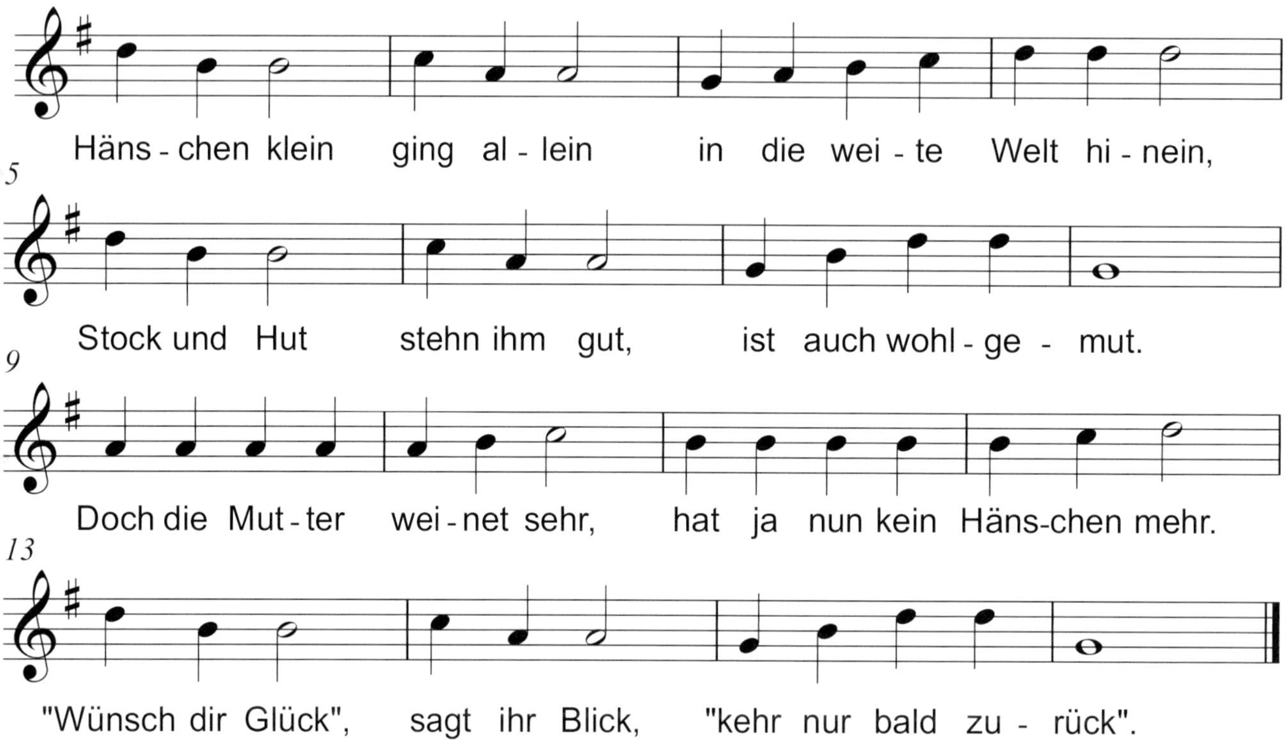

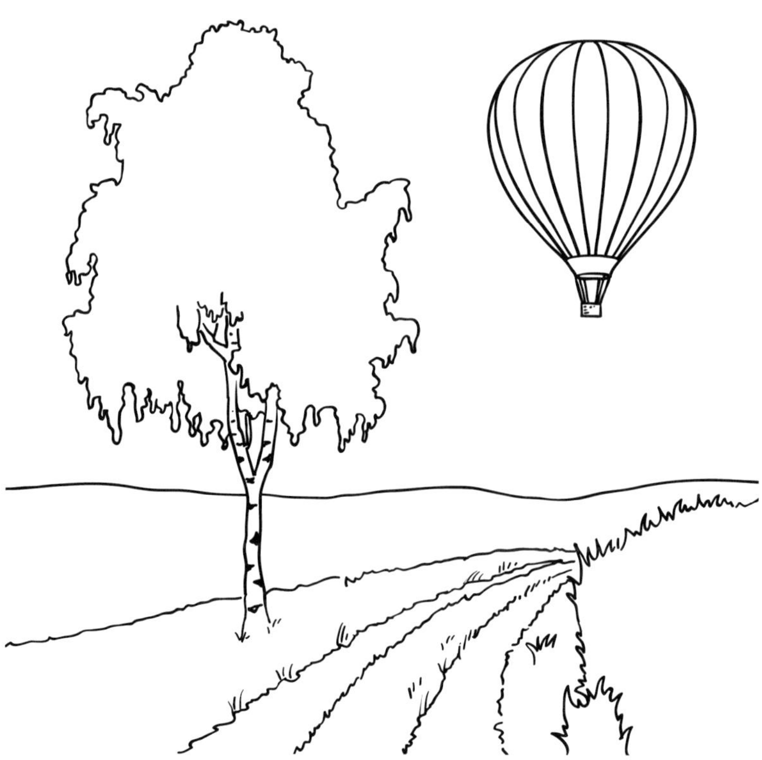

ISBN 978-3-8346-3901-1 | www.verlagruhr.de

Hänschen klein – alle Stimmen

Melodie und Text: traditionell

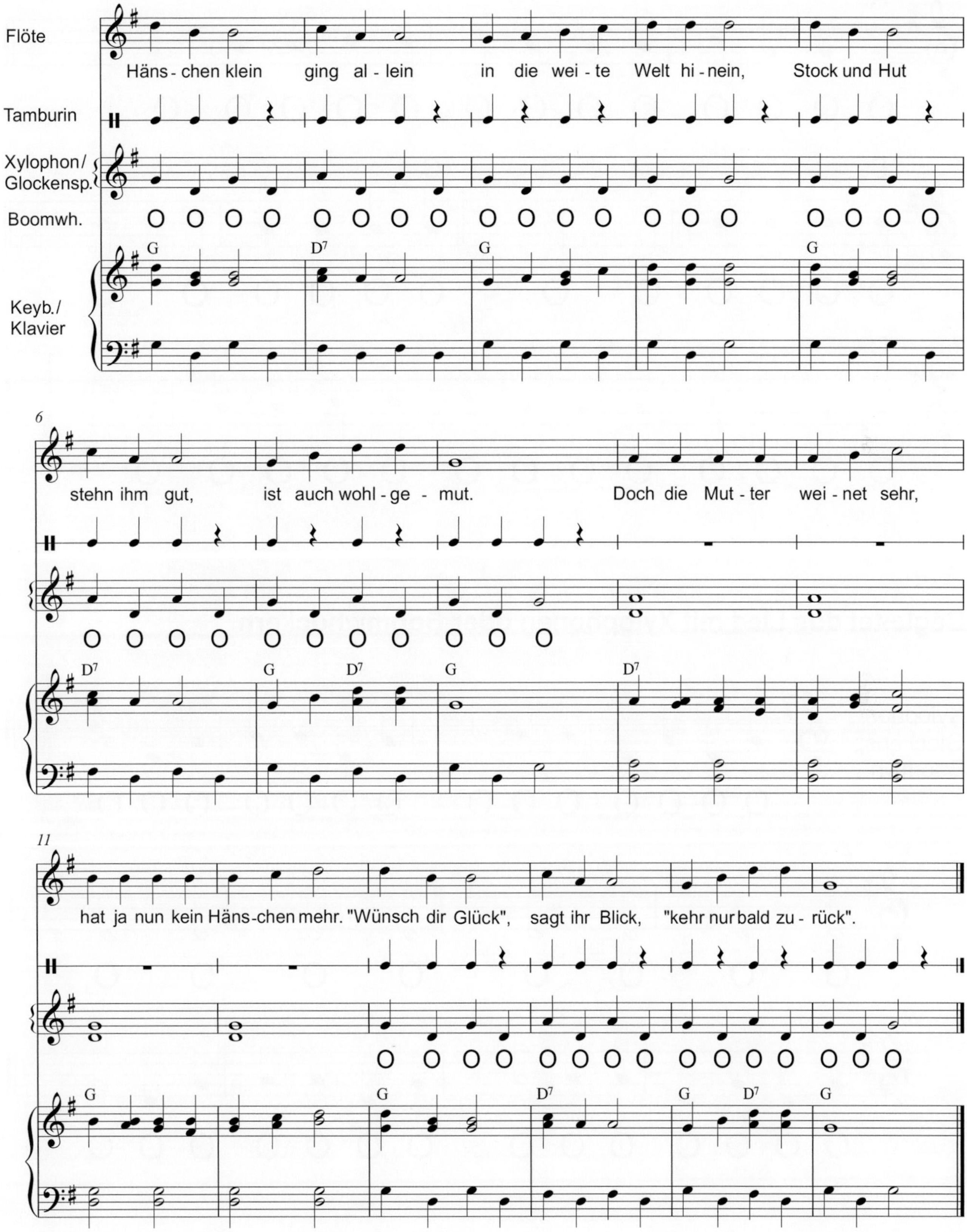

ISBN 978-3-8346-3901-1 | www.verlagruhr.de

Gubben Noak

Melodie und Text: traditionell, aus Schweden

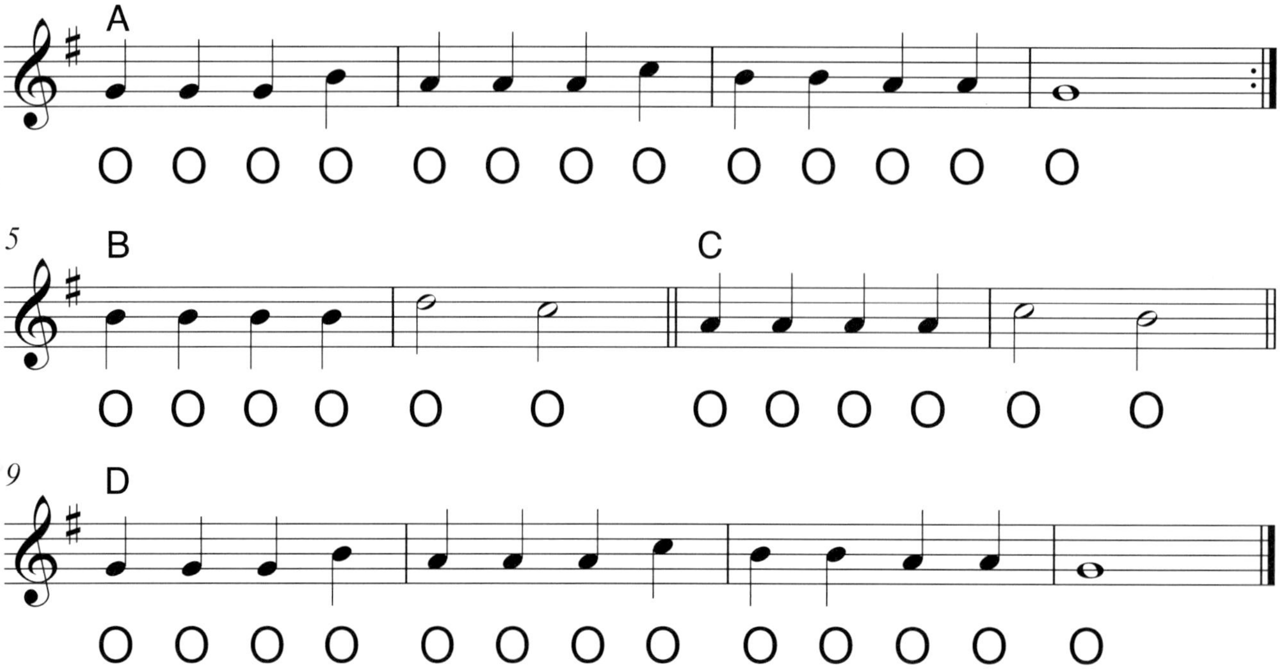

Begleitet das Lied mit Xylophonen oder Boomwhackern.

Xylophon/
Glockensp.
Boomwh.

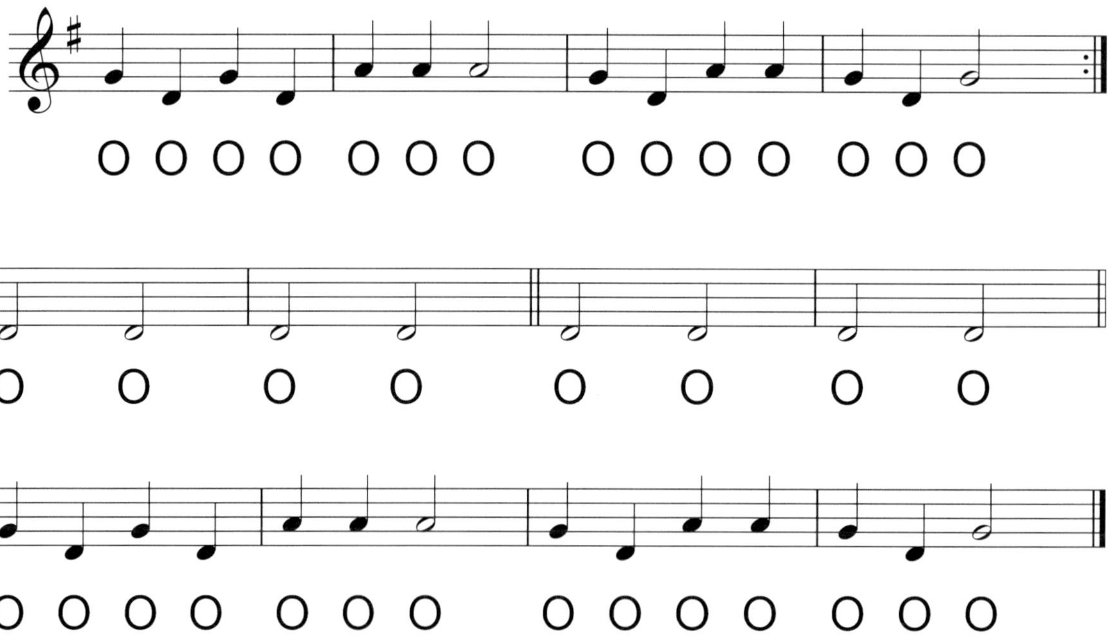

ISBN 978-3-8346-3901-1 | www.verlagruhr.de

Gubben Noak – alle Stimmen

Melodie und Text: traditionell, aus Schweden

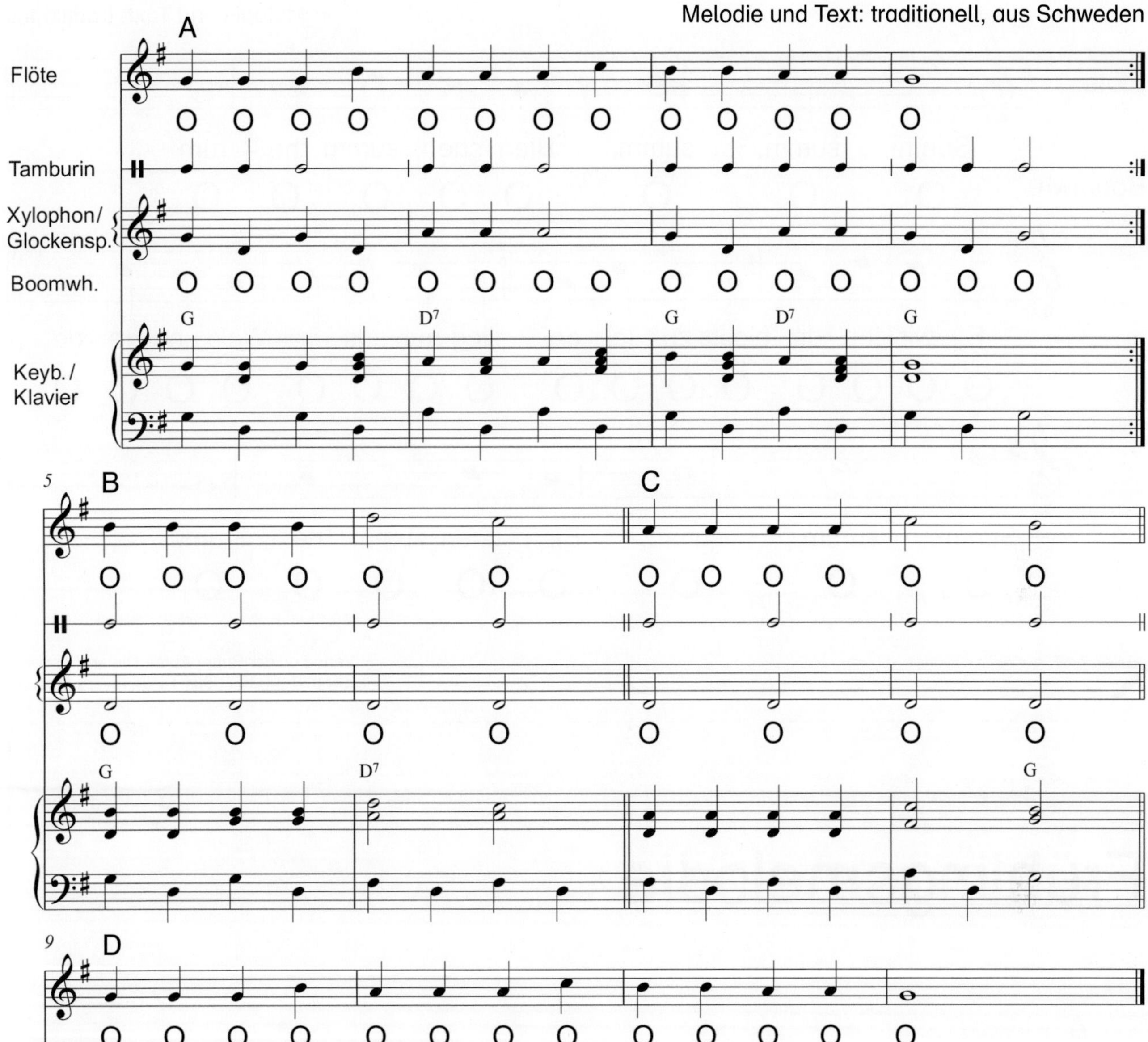

Vorschlag für den Ablauf:

Vorspiel: ganzes Stück ohne Flöten-/Klavierstimme (evtl. Melodie mit Boomwhackern)

Durchlauf 1

A: 1-mal Gruppe 1 – Wiederholung Gruppe 2

B: Gruppe 1

C: Gruppe 2

D: alle

Durchlauf 2

A: 1-mal alle – Wiederholung Solo(gruppe)

B: Solo 1

C: Solo 2

D: alle

ISBN 978-3-8346-3901-1 | www.verlagruhr.de

Summ, summ, summ

Melodie und Text: traditionell

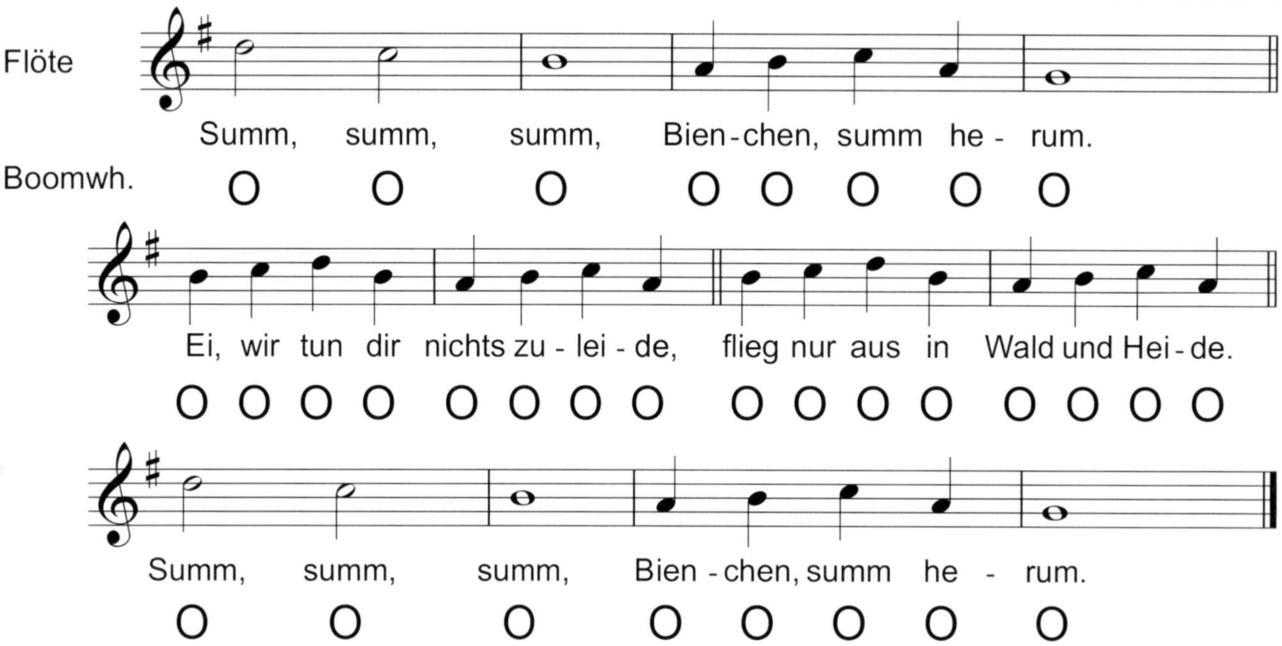

ISBN 978-3-8346-3901-1 | www.verlagruhr.de

Frühlingsmelodie

D. Kanzleiter

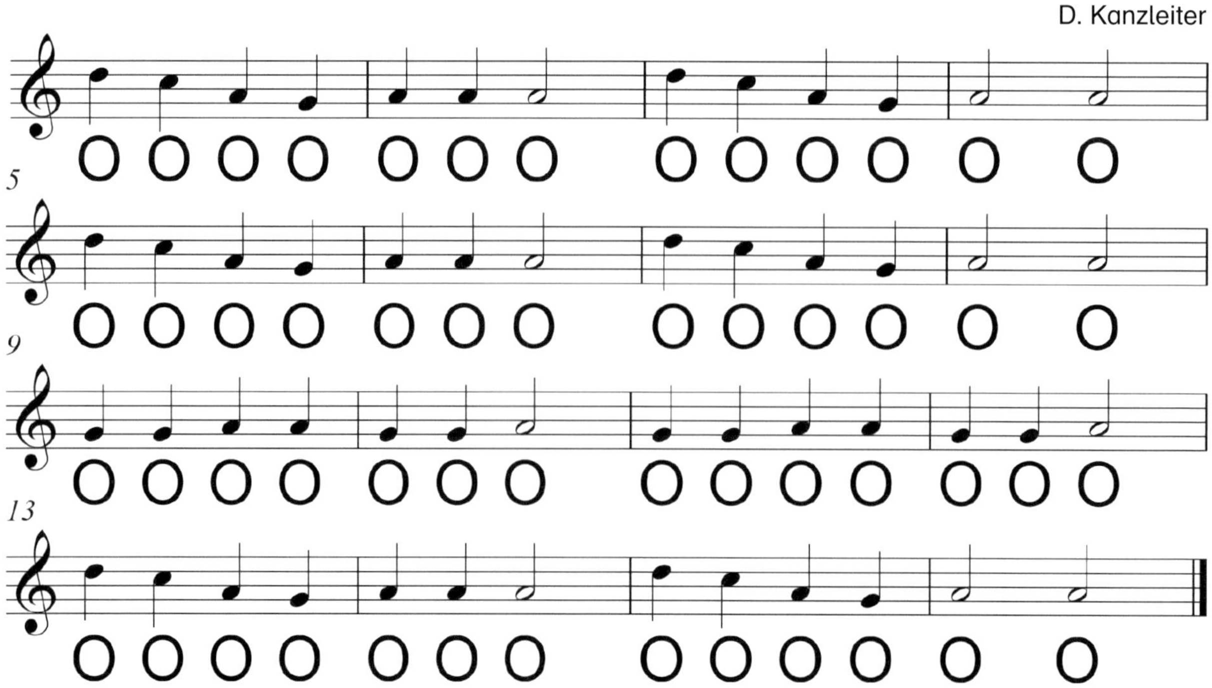

ISBN 978-3-8346-3901-1 | www.verlagruhr.de

Summ, summ, summ – alle Stimmen

Melodie und Text: traditionell

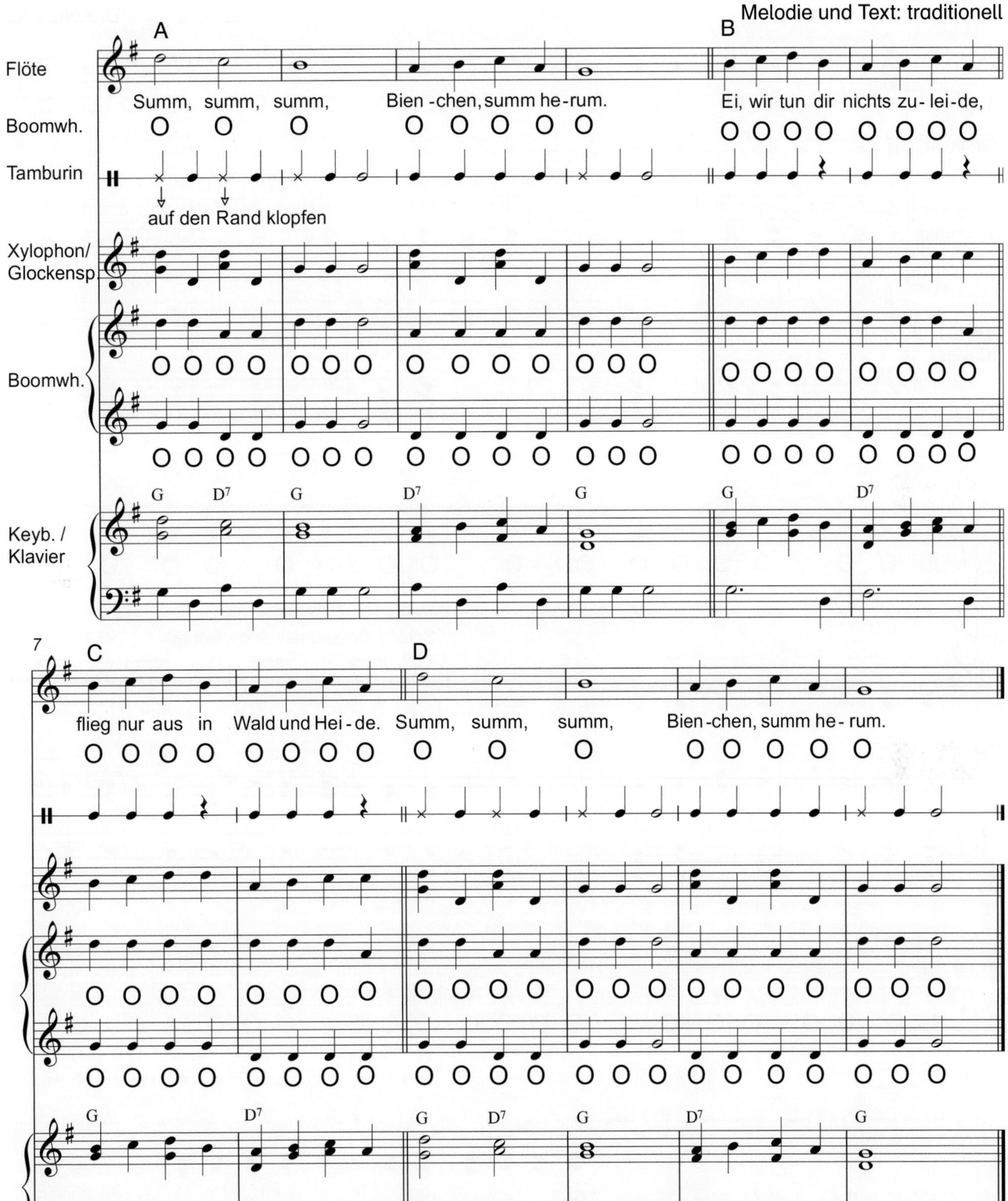

Vorschlag für den Ablauf:

1. Teil A nur Boomwhackers (Melodie)
2. Teile A–D ohne Flöten-/Klavierstimmen
3. Teile A–D mit Flöten
4. Teile B und C Solo(gruppe)
5. Teil D alle gemeinsam

ISBN 978-3-8346-3901-1 | www.verlagruhr.de

Frühlingsmelodie – alle Stimmen

D. Kanzleiter

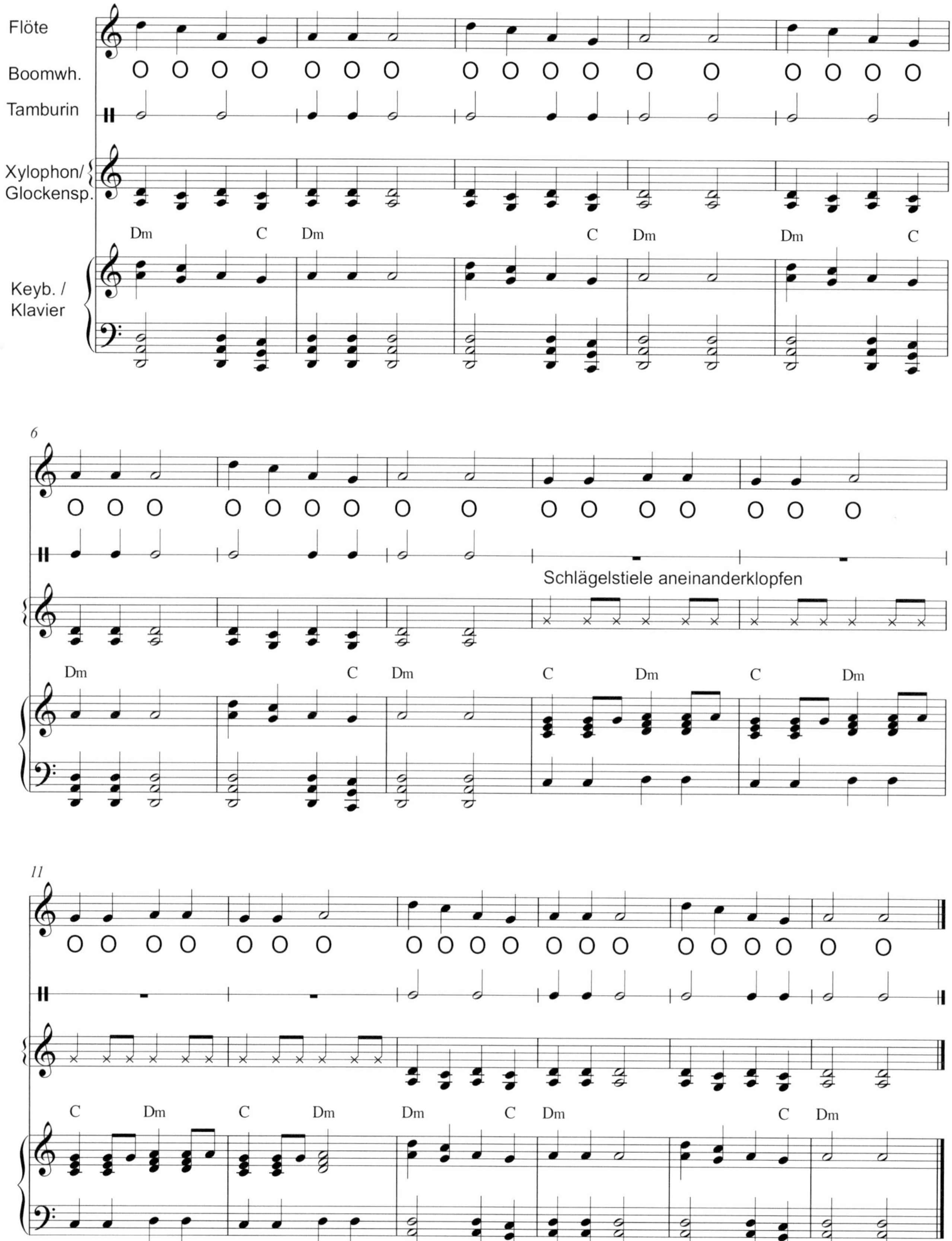

ISBN 978-3-8346-3901-1 | www.verlagruhr.de

Liedblatt

Schaukeln

D. Kanzleiter

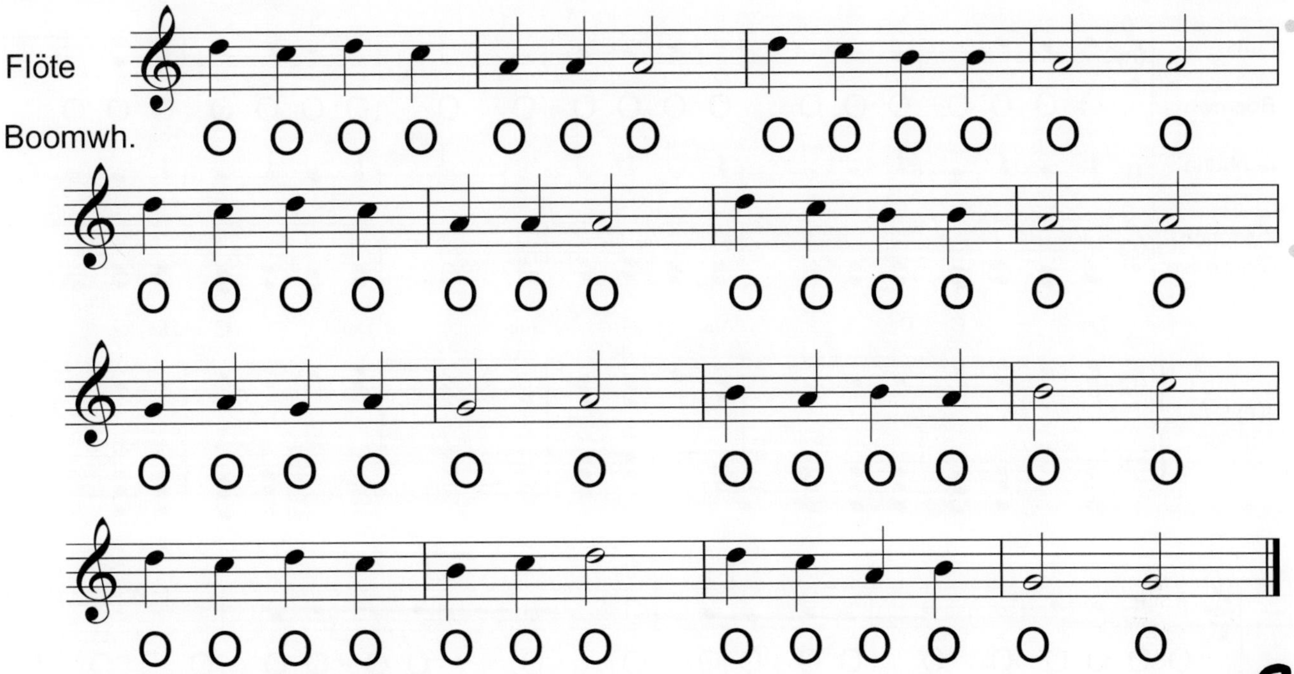

ISBN 978-3-8346-3901-1 | www.verlagruhr.de

Liedblatt

Popsong

D. Kanzleiter

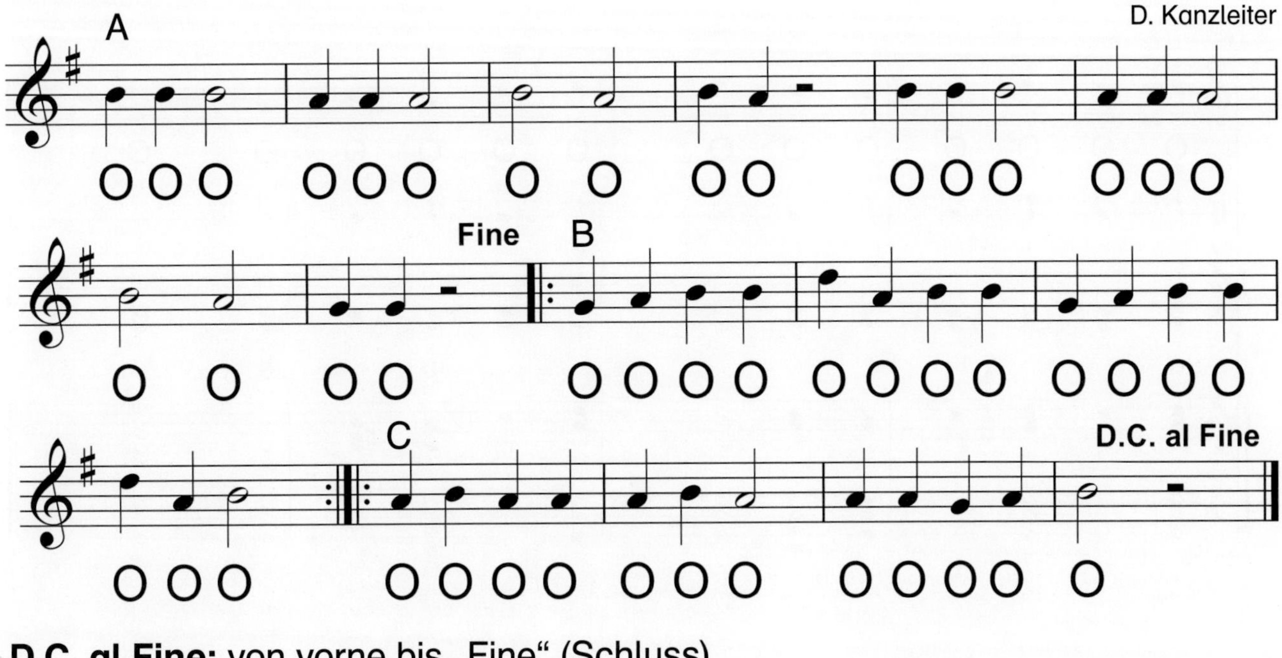

D.C. al Fine: von vorne bis „Fine“ (Schluss)

ISBN 978-3-8346-3901-1 | www.verlagruhr.de

Schaukeln – alle Stimmen

D. Kanzleiter

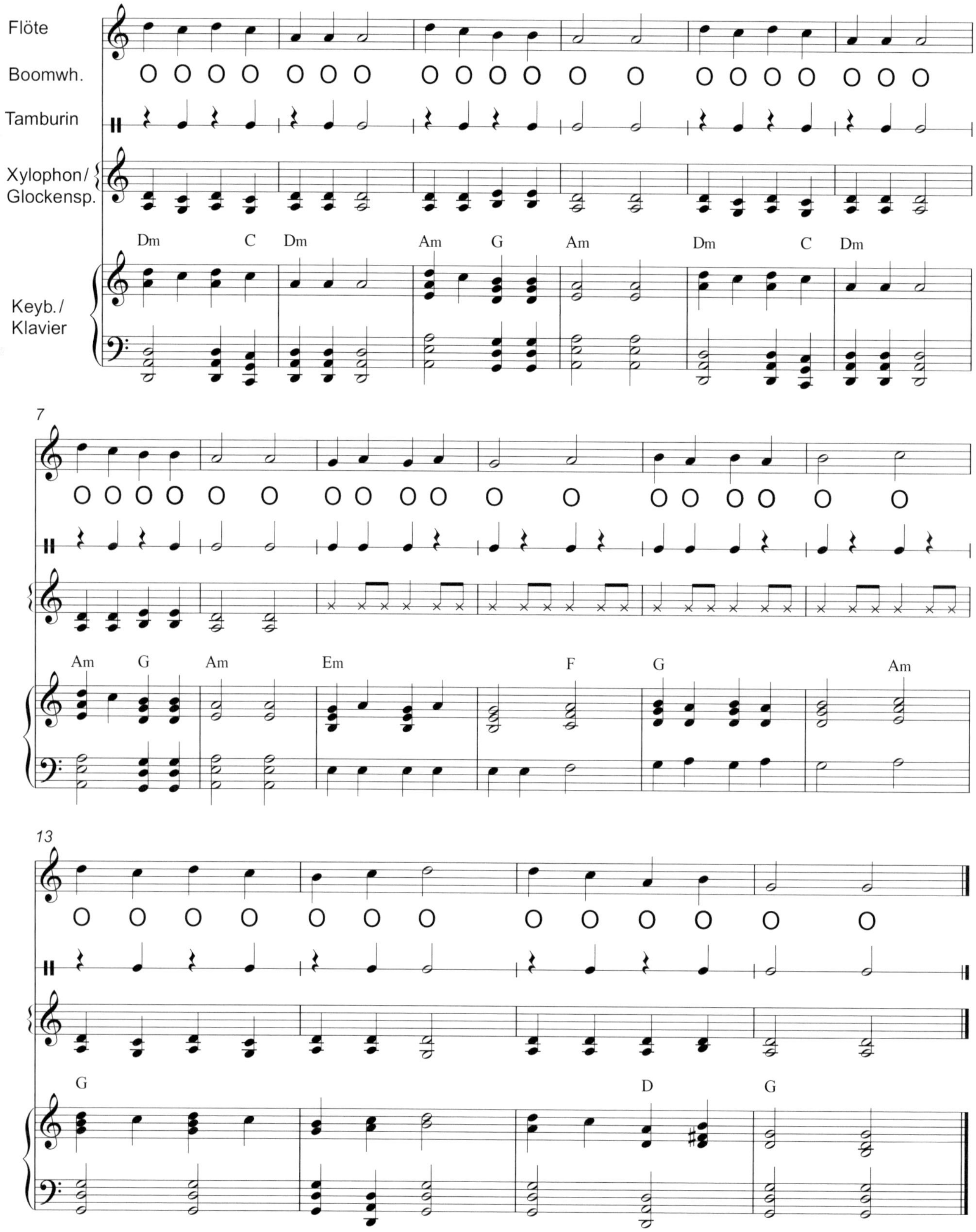

ISBN 978-3-8346-3901-1 | www.verlagruhr.de

Popsong – alle Stimmen

D. Kanzleiter

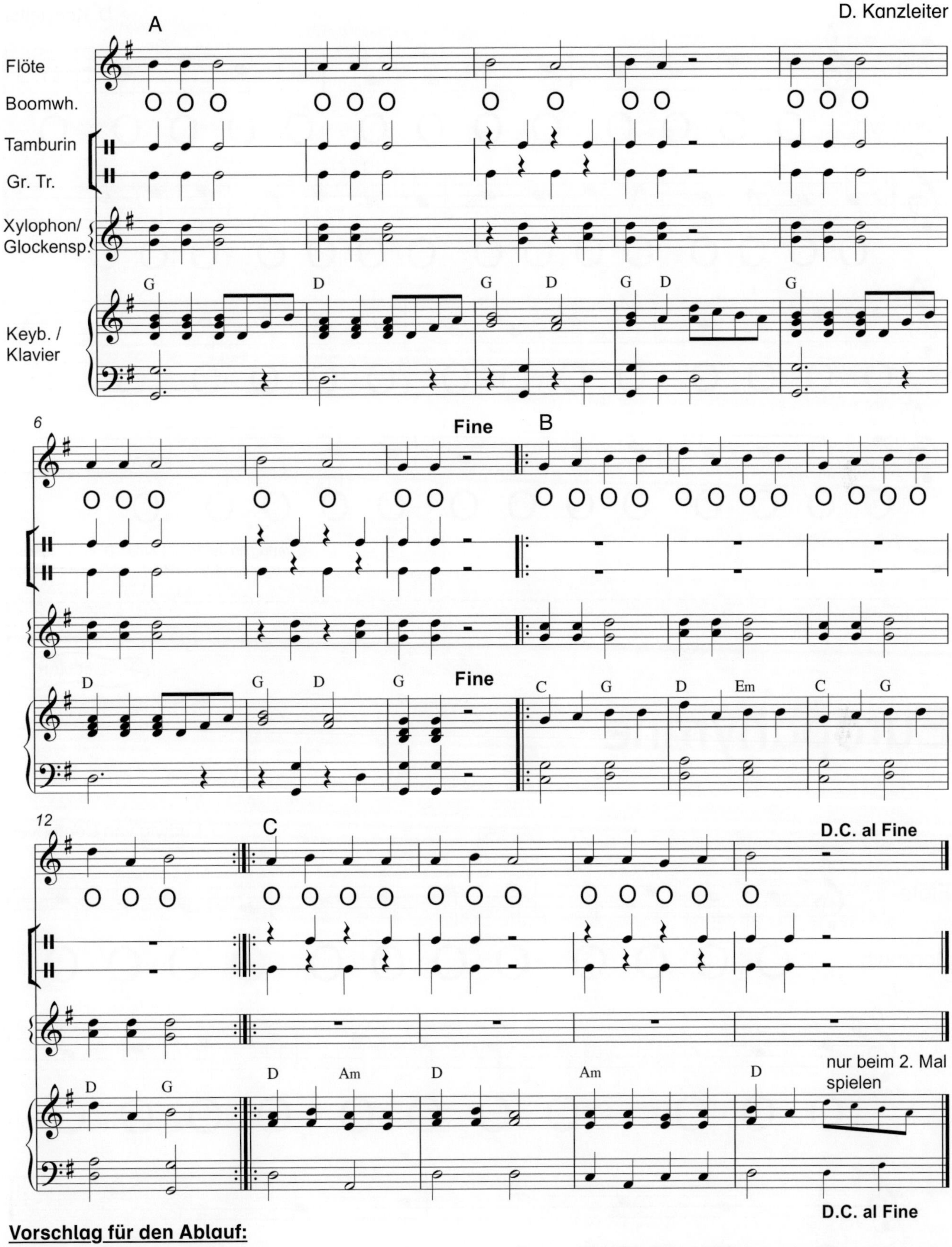

Vorschlag für den Ablauf:

1. Teil A alle gemeinsam
2. Teile B und C Solo(gruppen)
3. Teil A alle gemeinsam

D.C. al Fine: von vorne bis „Fine" (Schluss)

ISBN 978-3-8346-3901-1 | www.verlagruhr.de

Liedblatt

Heute feiern wir ein Fest

D. Kanzleiter

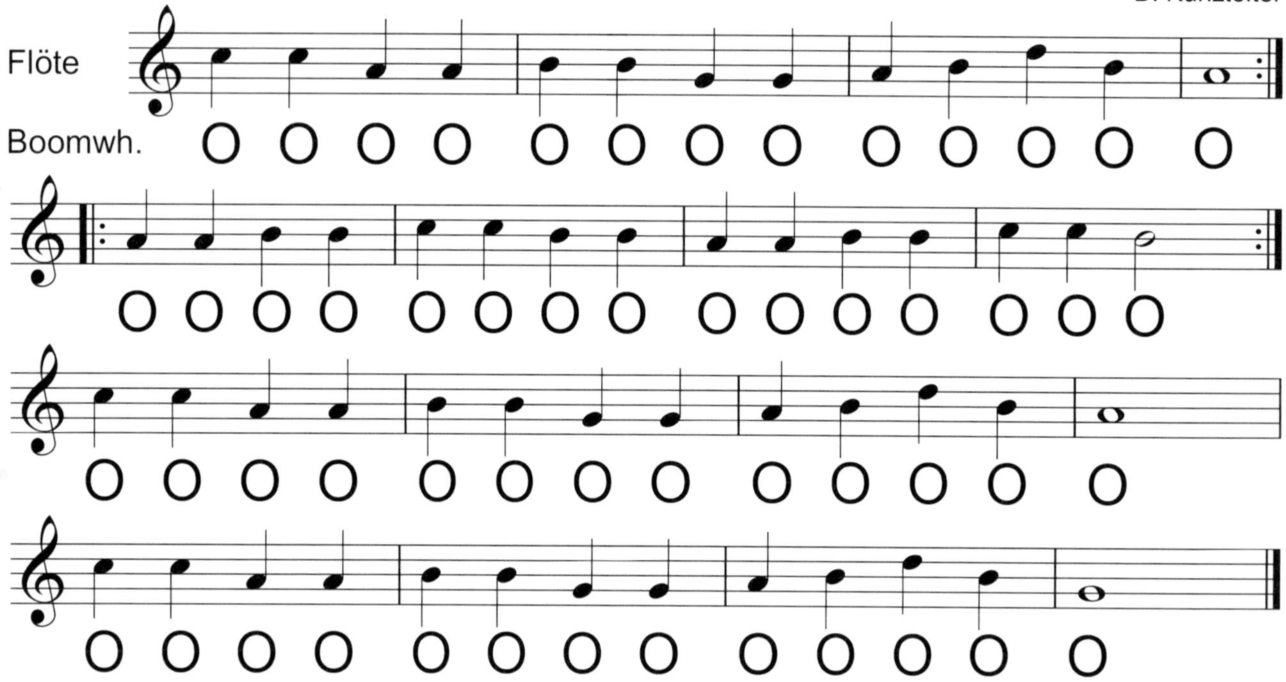

ISBN 978-3-8346-3901-1 | www.verlagruhr.de

Liedblatt

Europahymne

Ludwig van Beethoven

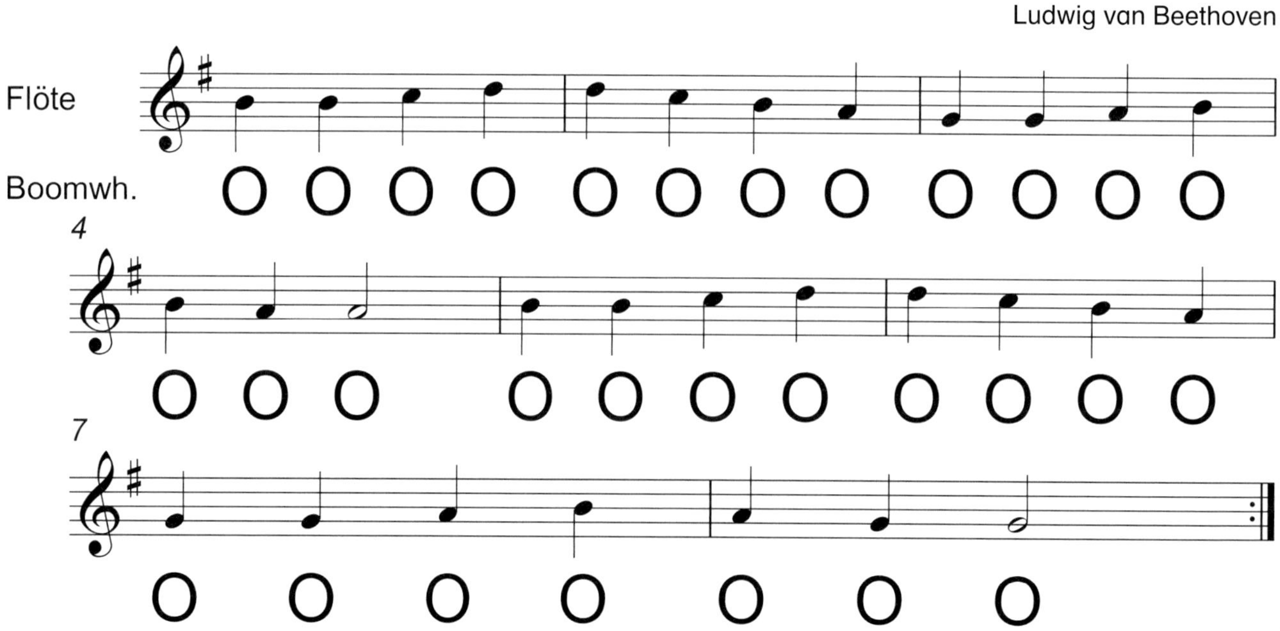

ISBN 978-3-8346-3901-1 | www.verlagruhr.de

Heute feiern wir ein Fest

– alle Stimmen

D. Kanzleiter

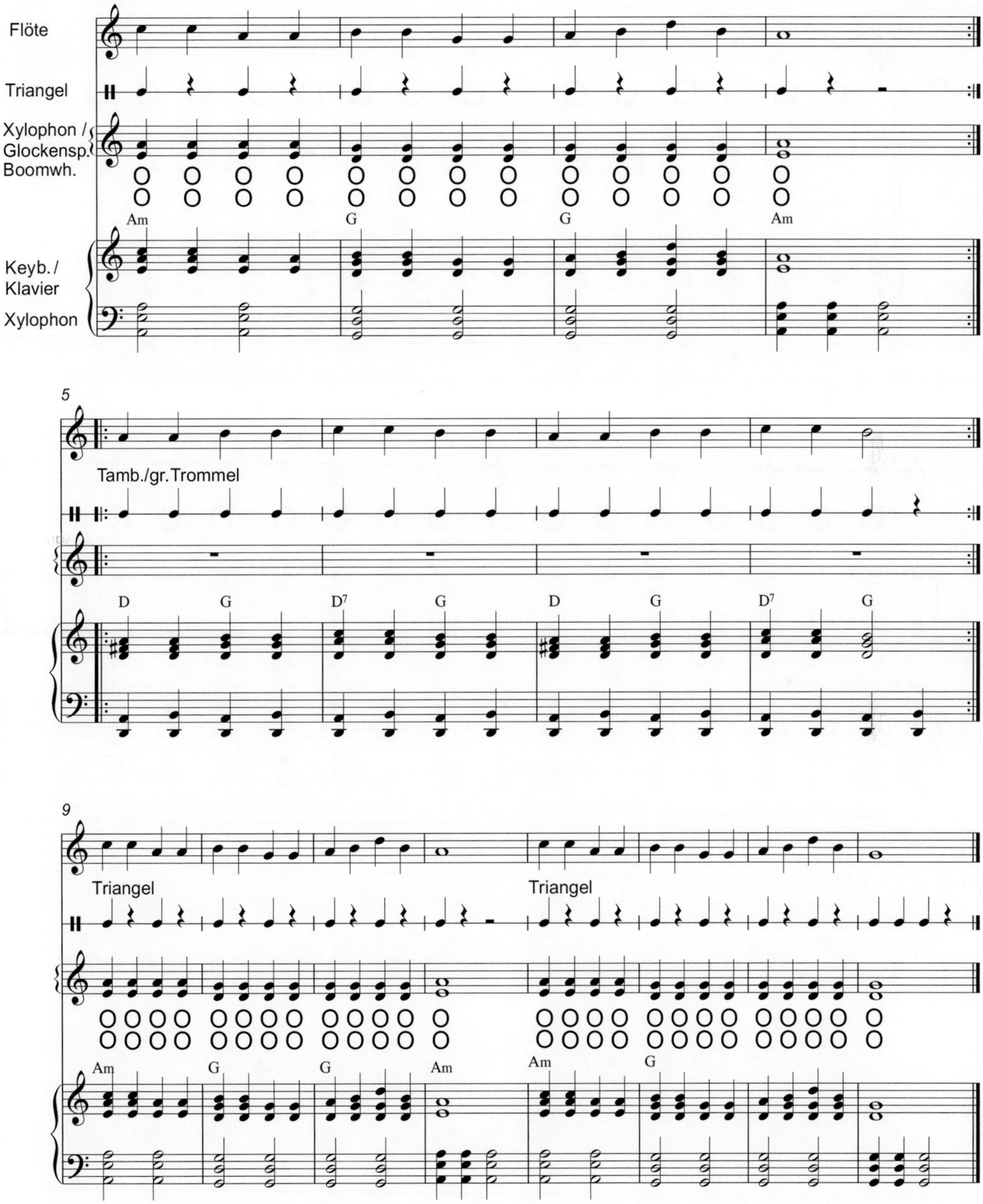

ISBN 978-3-8346-3901-1 | www.verlagruhr.de

Europahymne – alle Stimmen

Ludwig van Beethoven

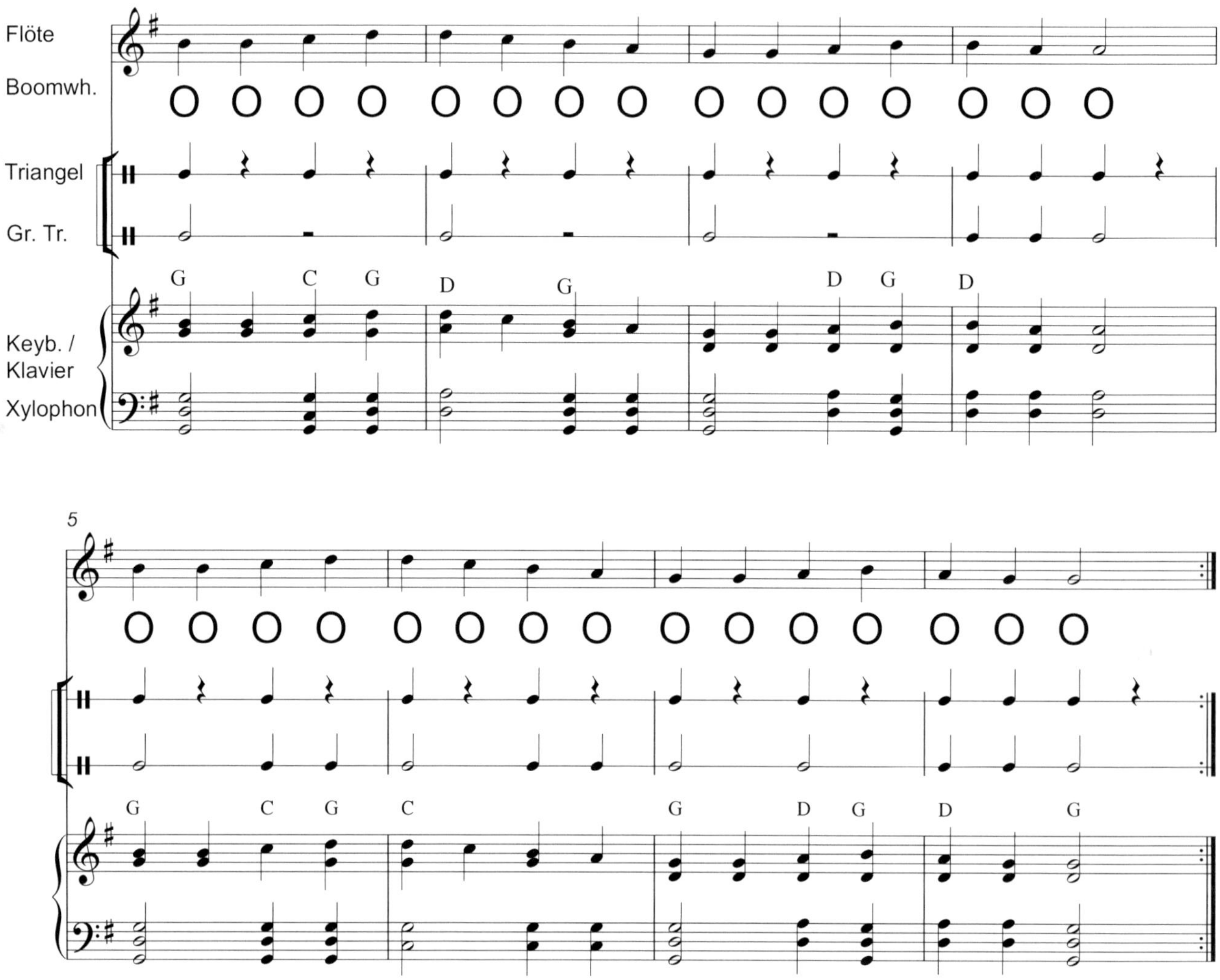

ISBN 978-3-8346-3901-1 | www.verlagruhr.de

14. E wie Elefant

Verlauf

Einstieg

➜ Wiederholen Sie mit den Kindern die bisher gelernten Töne: ihre Namen, das Griffbild der linken Hand und ggf. die Farben. Teilen Sie das Arbeitsblatt „Kuckucksrufe“ aus. Die Kinder malen bei den Grifftabellen in Aufgabe 1 die entsprechenden Kreise aus.

Erarbeitung

➜ Erlernen Sie mit den Schülern einen neuen Ton: E wie Elefant. Die Note umschließt die erste Linie, also den Daumen der Hand.

➜ Teilen Sie das Arbeitsblatt „E wie Elefant“ aus. Die Kinder bearbeiten die Aufgaben.

➜ Demonstrieren Sie im Anschluss, wie man das E auf der Flöte greift: Der Daumen der linken Hand schließt das Loch auf der Rückseite, Zeigefinger, Mittelfinger und Ringfinger der linken Hand schließen das erste, zweite und dritte Loch auf der Vorderseite. Zeigefinger und Mittelfinger der rechten Hand schließen das erste und zweite Loch unten.

E

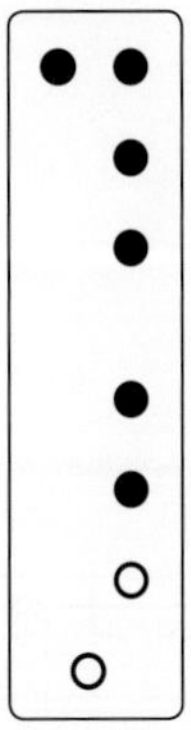

➜ Die Kinder klopfen auf die Flötenlöcher: Die linke Hand schließt wie beim Ton G drei Löcher und das Loch am Daumen, der rechte Zeige- und Mittelfinger klopfen gleichzeitig auf die beiden Löcher.

➜ Achten Sie auf die richtige Flötenhaltung.

Abschluss

➜ Die Kinder kleben beide Blätter in das Flötenheft ein. Als Hausaufgabe üben sie die Kuckucksrufe (Aufgabe 2).

Material

✔ evtl. Boomwhackers (rot, lila, grün, pink, orange)

Für jedes Kind:
✔ Arbeitsblatt „Kuckucksrufe“ (S. 72)

Für jedes Kind:
✔ Arbeitsblatt „E wie Elefant“ (S. 73)

Kuckucksrufe

1. Wie musst du bei den Tönen greifen?
Male die Kreise aus.

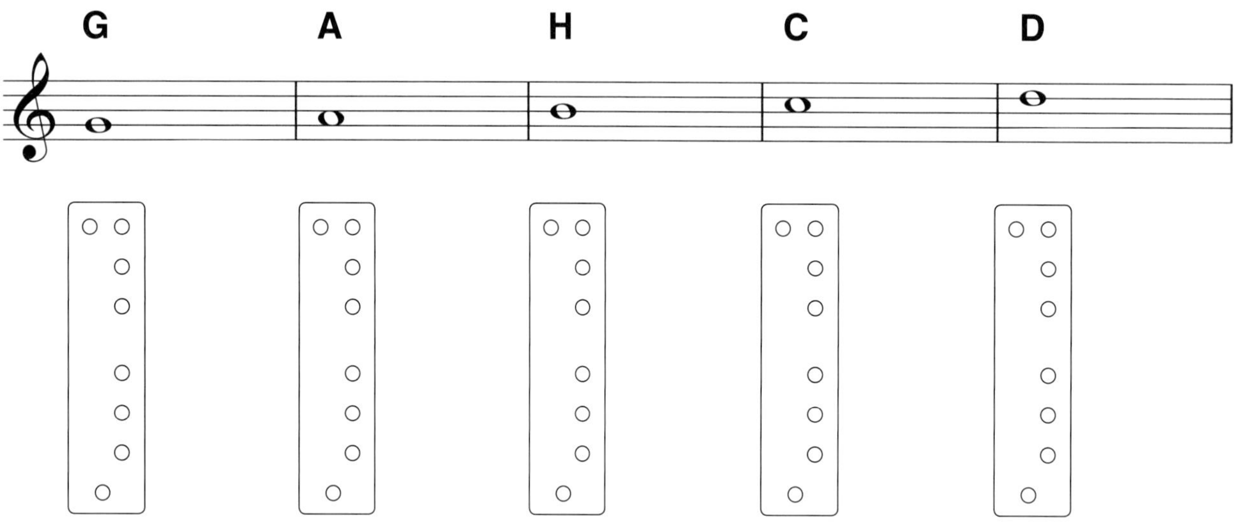

2. Spiele die Kuckucksrufe

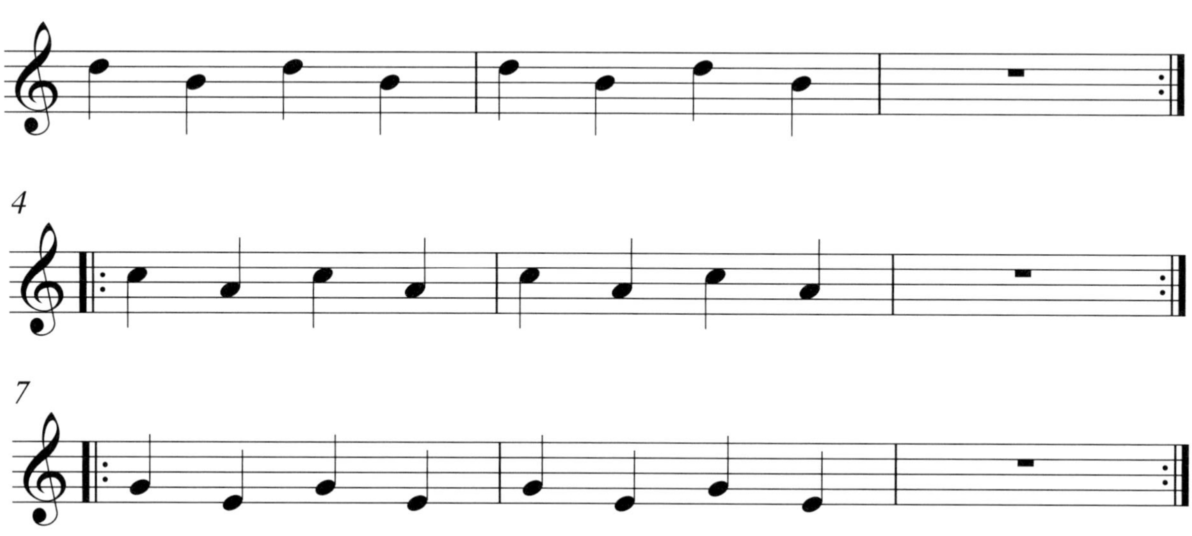

ISBN 978-3-8346-3901-1 | www.verlagruhr.de

E wie Elefant

1. Male einige E-Noten ohne Notenhals.

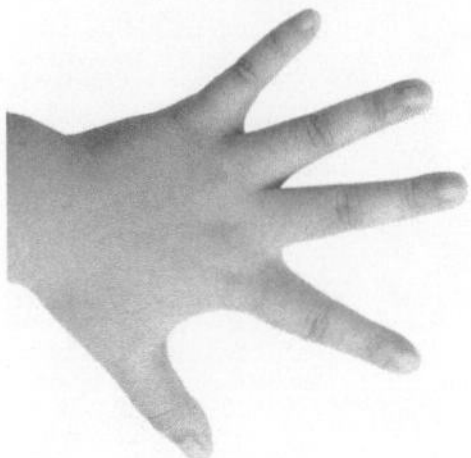

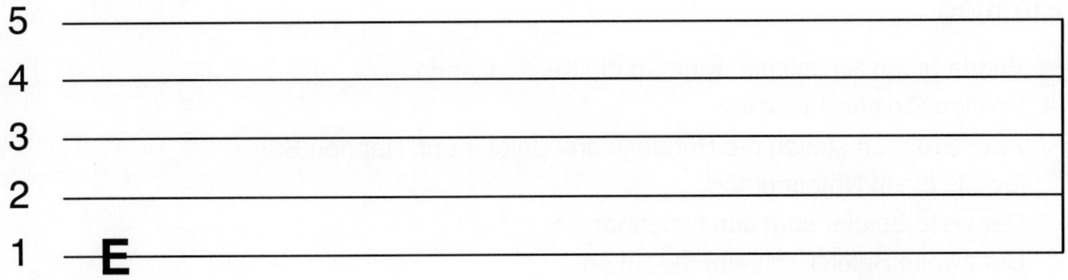

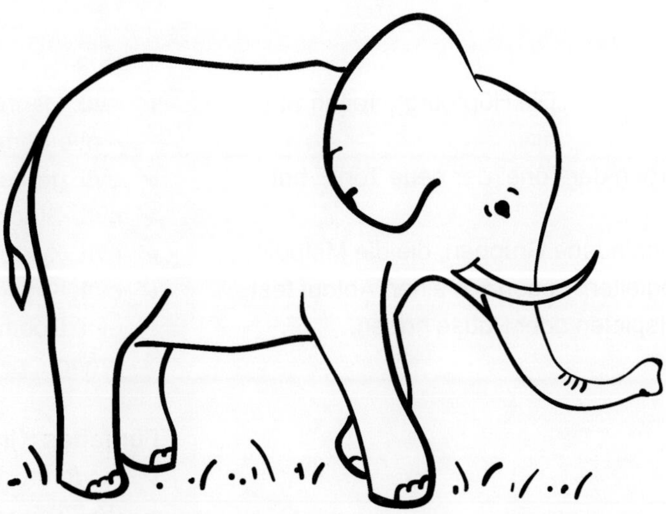

E

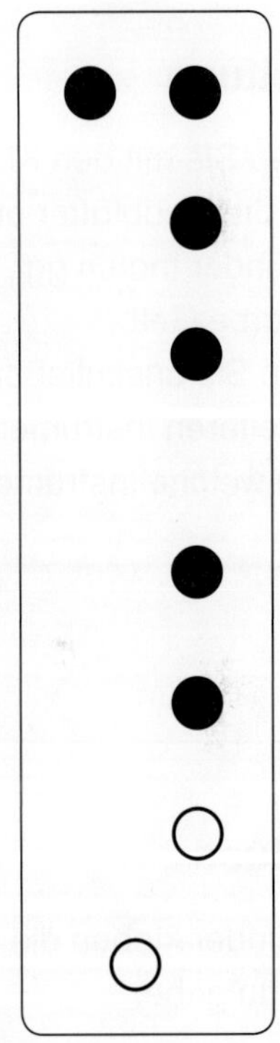

**2. Male immer 4 Viertelnoten E in einen Takt.
Male an den Zeilenbeginn immer den Notenschlüssel.**

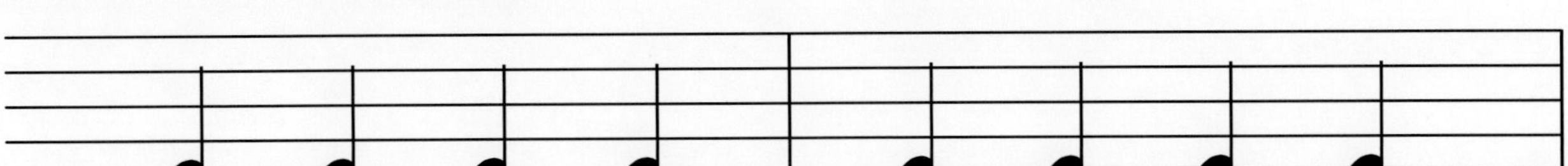

 ISBN 978-3-8346-3901-1 | www.verlagruhr.de

15. Lieder mit dem Ton E

Verlauf

Einstieg

- → Wiederholen Sie mit den Kindern die Kuckucksrufe.
- → Spielen Sie ein Ratespiel:
  Zwei Gruppen stellen pro Runde je drei Spieler auf. Nennen Sie jeweils einen Notennamen.
  Der erste Spieler sagt den Notennamen.
  Der zweite Spieler schreibt die Noten.
  Der dritte Spieler spielt den Ton auf der Flöte.
  Für alle Aufgaben wird die Zeit gestoppt. Die Gruppe mit den besten Zeiten gewinnt.

Erarbeitung

- → Lernen Sie mit den Kindern das Lied „Die Hüpfburg". Teilen Sie dazu die Liedblätter aus.
- → Die Kinder malen ggf. die Farben der Töne: der neue Ton E hat die Farbe Gelb.
- → Bilden Sie anschließend verschiedene Gruppen, die die Melodie mit weiteren Instrumenten begleiten. Legen Sie einen Ablauf fest, wann welche Instrumente mitspielen oder Pause haben.

Abschluss

- → Die Kinder kleben die Liedblätter ein und üben das Lied als Hausaufgabe.

Material

- ✔ evtl. Liedblatt „Die Hüpfburg – alle Stimmen" (S. 76)
- ✔ evtl. große Trommel
- ✔ evtl. Glockenspiel
- ✔ evtl. Xylophon
- ✔ evtl. Klavier/Keyboard
- ✔ evtl. Boomwhackers (rot, lila, orange, pink, grün, gelb)

Für jedes Kind:

- ✔ Liedblatt „Die Hüpfburg" (S. 75)

Die Hüpfburg

D. Kanzleiter

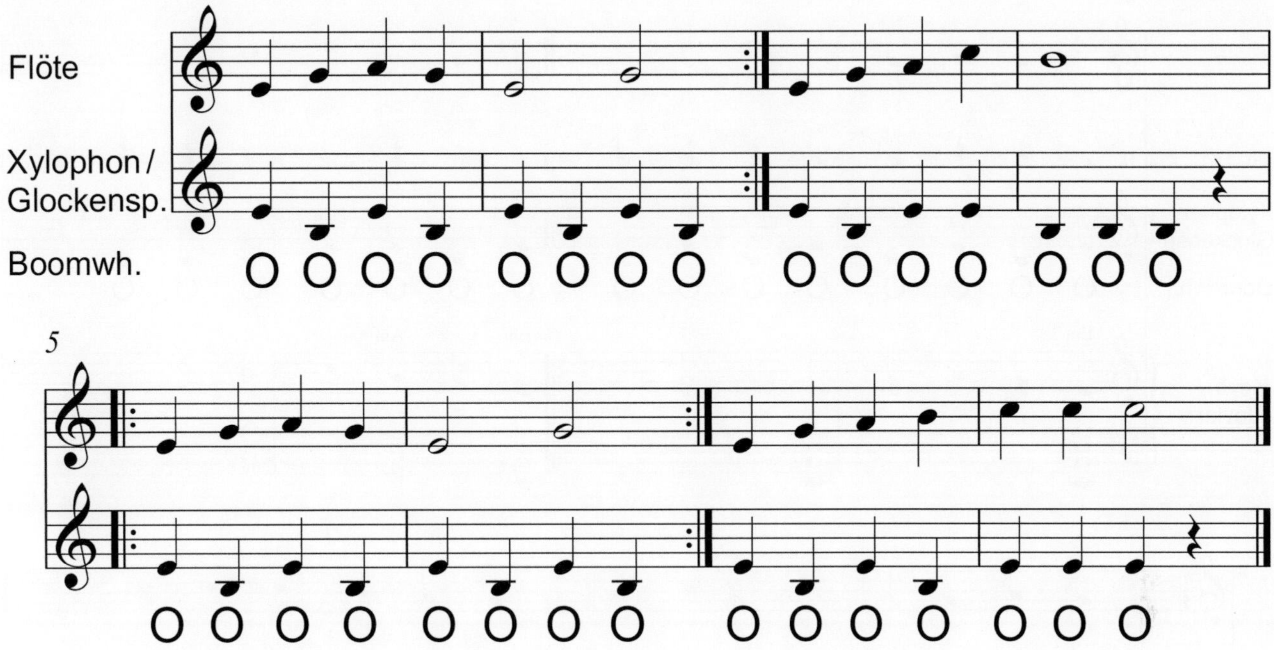

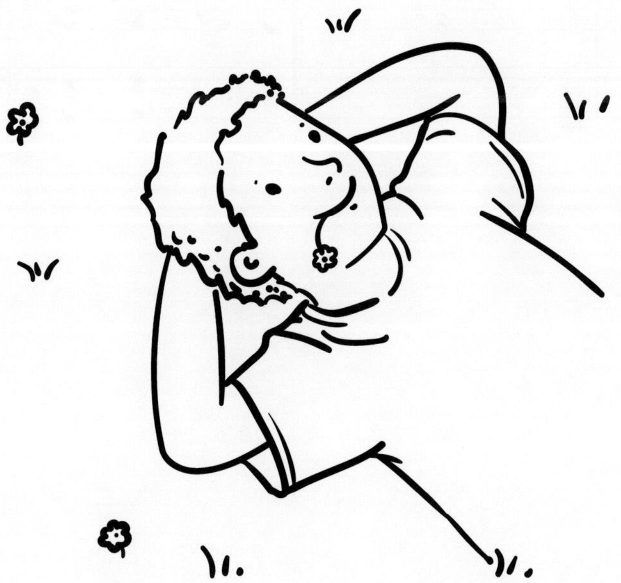

ISBN 978-3-8346-3901-1 | www.verlagruhr.de

Die Hüpfburg – alle Stimmen

D. Kanzleiter

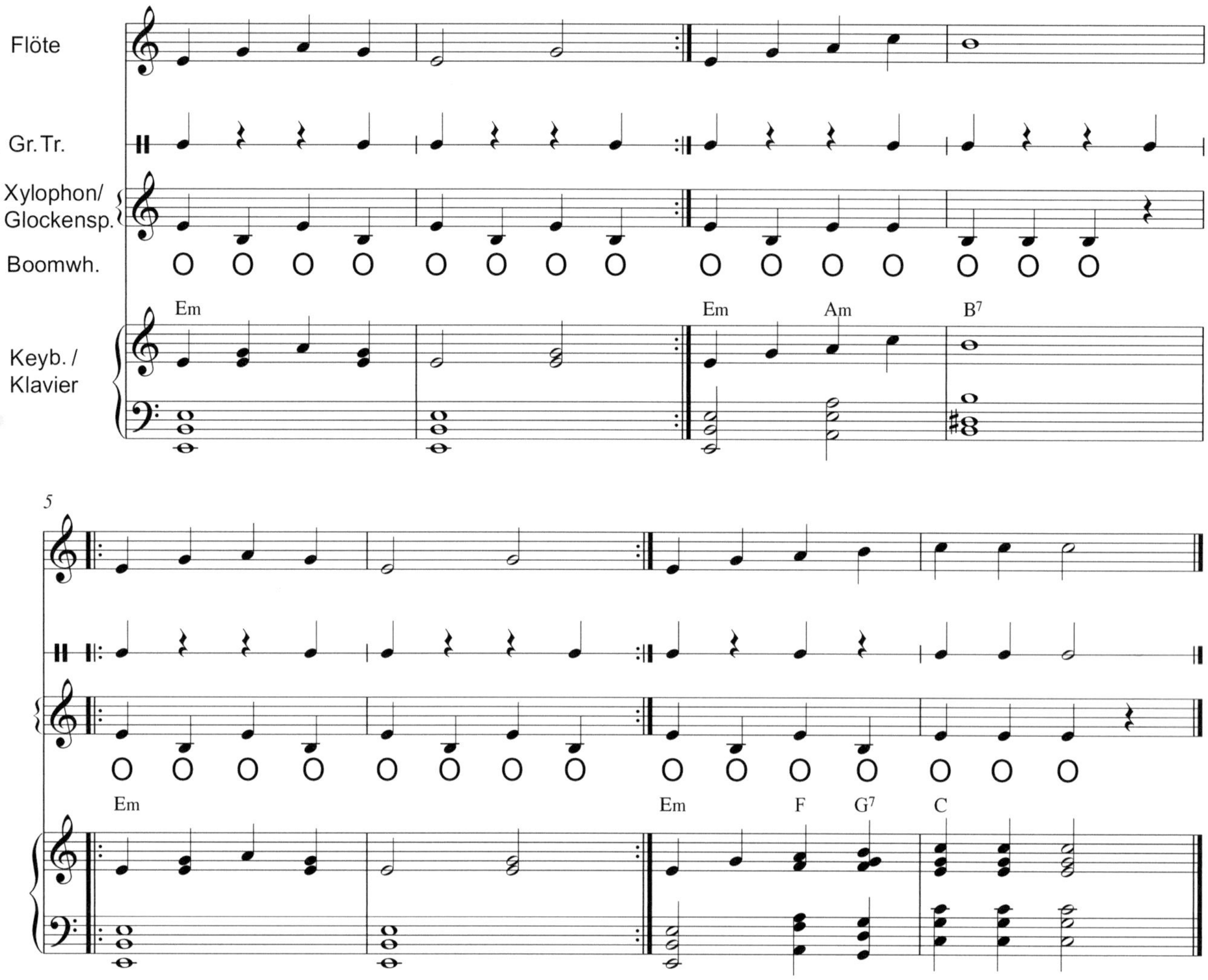

ISBN 978-3-8346-3901-1 | www.verlagruhr.de

16. D wie Dino

Verlauf

Einstieg

→ Wiederholen Sie die Kuckucksrufe und das Lied „Die Hüpfburg“.

Erarbeitung

→ Lernen Sie mit den Kindern einen neuen Ton: das tiefe D wie Dino. Die Note klebt unter der ersten Linie, also unter dem Daumen der Hand.

→ Teilen Sie das Arbeitsblatt „D wie Dino“ aus. Die Kinder bearbeiten die Aufgaben.

→ Demonstrieren Sie im Anschluss, wie man das D auf der Flöte greift: Der Daumen der linken Hand schließt das Loch auf der Rückseite, Zeige-, Mittel- und Ringfinger der linken Hand schließen das erste, zweite und dritte Loch auf der Vorderseite. Zeige-, Mittel- und Ringfinger der rechten Hand schließen das erste, zweite und dritte Loch unten.

D

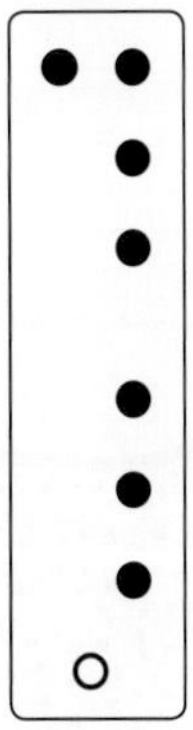

→ Die Kinder klopfen zuerst in dieser Haltung auf die Flötenlöcher.

→ Spielen Sie gemeinsam ganze Noten D im Wechsel mit ganzen Pausen. Spielen Sie anschließend Viertelnoten D im Wechsel mit anderen Tönen:
D – E – D – E
D – G – D – G
D – A – D – A

→ Lernen Sie das Lied „Wir sind zwei Musikanten“. Teilen Sie dazu die Liedblätter aus. Singen Sie es zuerst gemeinsam. Die Kinder malen ggf. die Kreise unter den Noten orange an. Wer mit dem Notenlesen noch unsicher ist, schreibt die Buchstaben zu den Noten.

Abschluss

→ Die Kinder kleben das Liedblatt in das Flötenheft ein und üben das Lied als Hausaufgabe.

Material

✔ evtl. Liedblatt „Wir sind zwei Musikanten – alle Stimmen“ (S. 80)
✔ evtl. Tamburin
✔ evtl. Glockenspiel
✔ evtl. Xylophon
✔ evtl. Klavier/Keyboard
✔ evtl. Boomwhackers (rot, lila, orange, pink, grün)

Für jedes Kind:
✔ Arbeitsblatt „D wie Dino“ (S. 78)
✔ Liedblatt „Wir sind zwei Musikanten“ (S. 79)

D wie Dino

1. Male einige tiefe D-Noten ohne Notenhals.

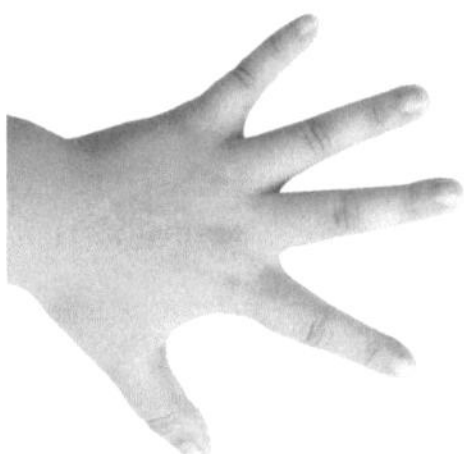

5
4
3
2
1

D

D

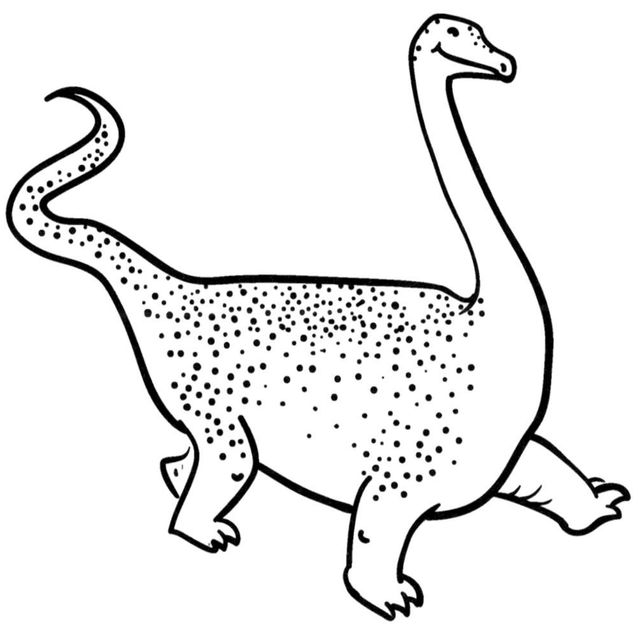

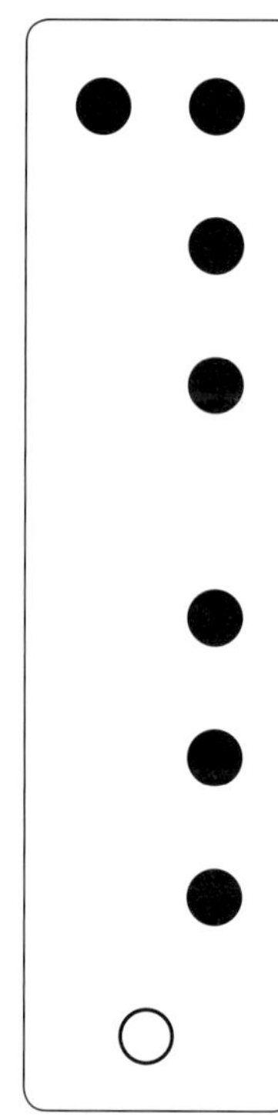

2. Male immer 4 Viertelnoten D in einen Takt.
Male an den Zeilenbeginn immer den Notenschlüssel.

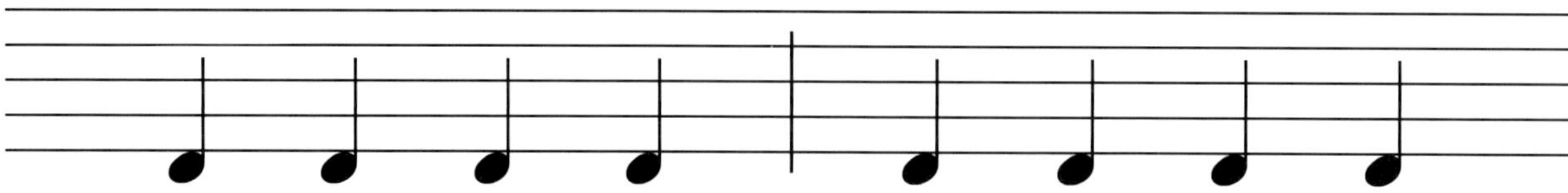

Wir sind zwei Musikanten

Melodie und Text: traditionell

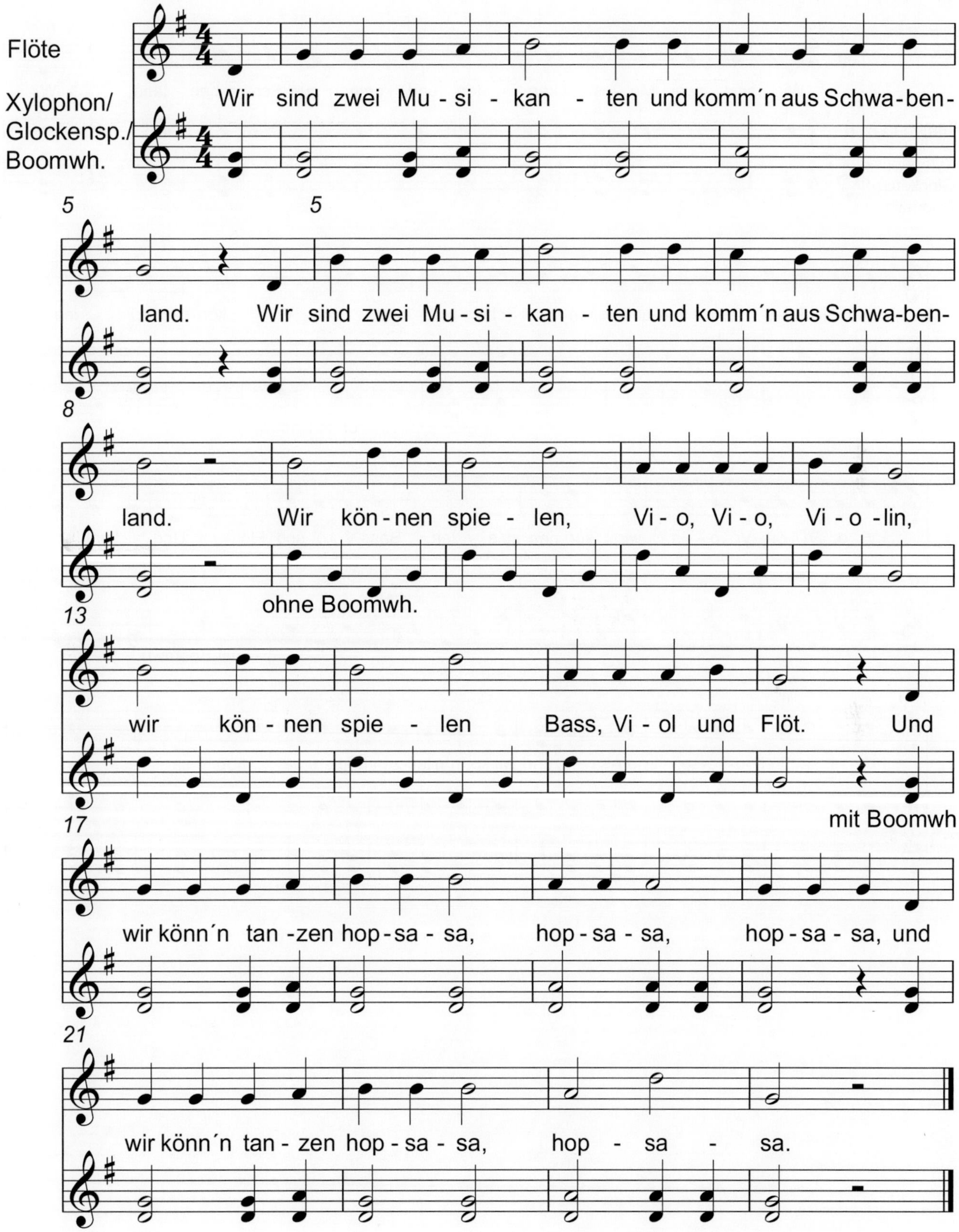

ISBN 978-3-8346-3901-1 | www.verlagruhr.de

Lehrer-Liedblatt

Wir sind zwei Musikanten

– alle Stimmen

Melodie und Text: traditionell

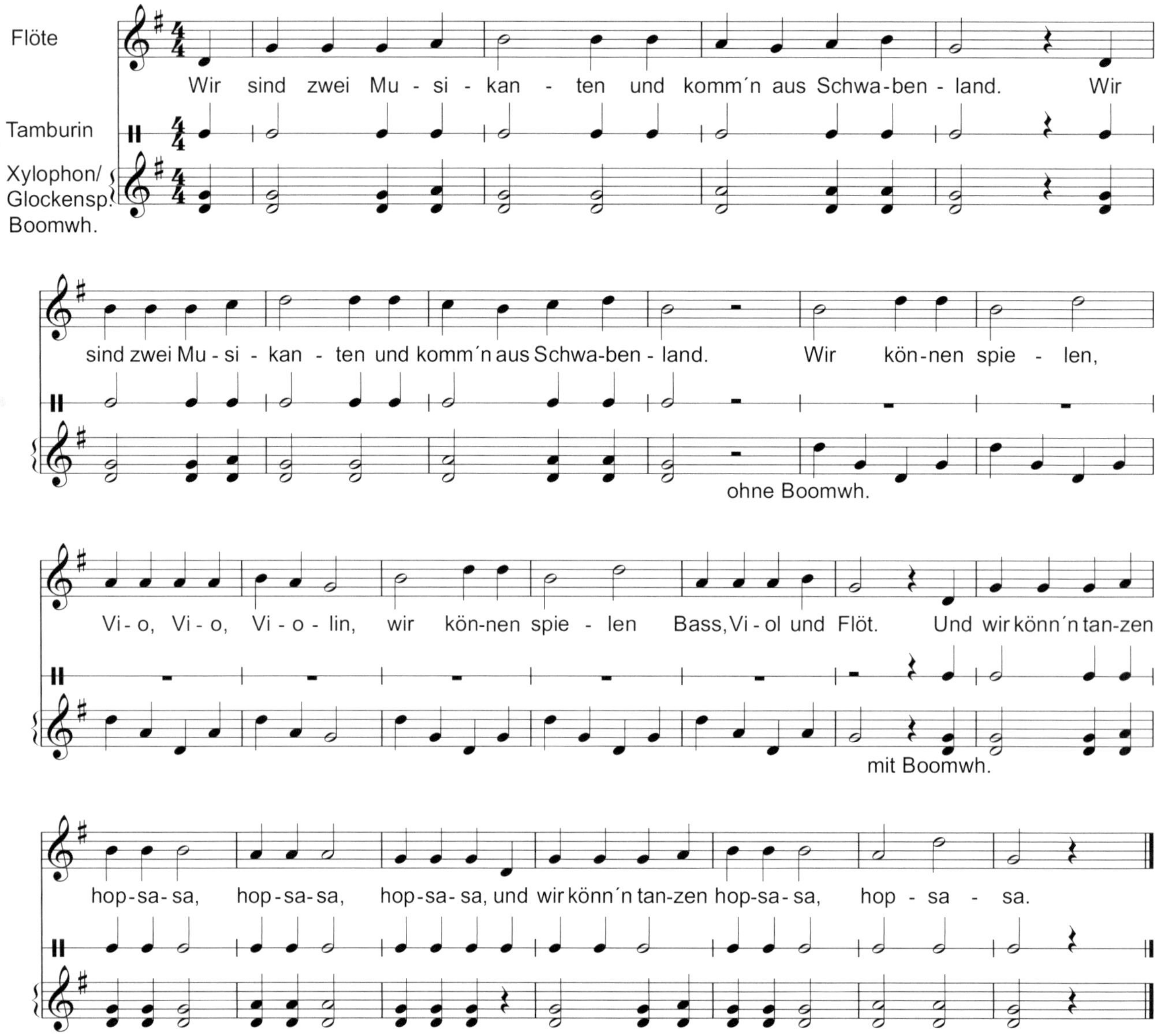

ISBN 978-3-8346-3901-1 | www.verlagruhr.de

17. C wie Clownfisch

Verlauf

Einstieg

→ Wiederholen Sie das tiefe D im Wechsel mit anderen Tönen: D – E; D – G; D – A

→ Singen und spielen Sie gemeinsam mit den Kindern das Lied „Wir sind zwei Musikanten".

Erarbeitung

→ Die Kinder lernen einen neuen Ton: das tiefe C wie Clownfisch. Wer „Findet Nemo" kennt, weiß, wie ein Clownfisch aussieht. Die Note C umschließt eine zusätzliche Linie unter den fünf Notenlinien. Man schreibt diese Linie neu für jeden Ton C.

→ Teilen Sie das Arbeitsblatt „C wie Clownfisch" aus. Die Kinder bearbeiten die Aufgaben.

→ Demonstrieren Sie, wie man das C auf der Flöte greift: *Wir greifen das tiefe D und schließen mit dem kleinen Finger der rechten Hand das unterste Loch. Alle Löcher sind geschlossen.*

C

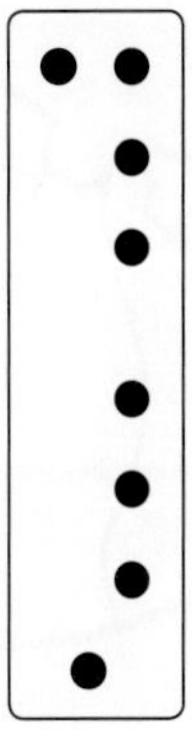

→ Die Kinder spielen ganze Noten C im Wechsel mit ganzen Pausen, dann Viertelnoten im Wechsel mit anderen Tönen: C – D – C – D; C – E – C – E; C – G – C – G

→ Wiederholen Sie:
Ganze Note: 4 Schläge
Halbe Note: 2 Schläge
Viertelnote: 1 Schlag

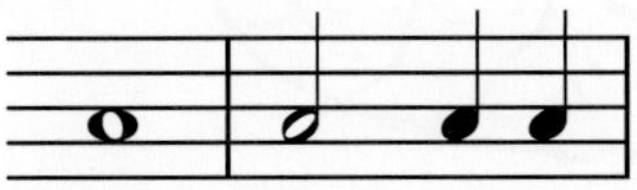

→ Erklären Sie:
Wenn die Noten schneller gespielt werden sollen, bekommen sie ein Fähnchen oder bei mehreren Tönen einen Balken.

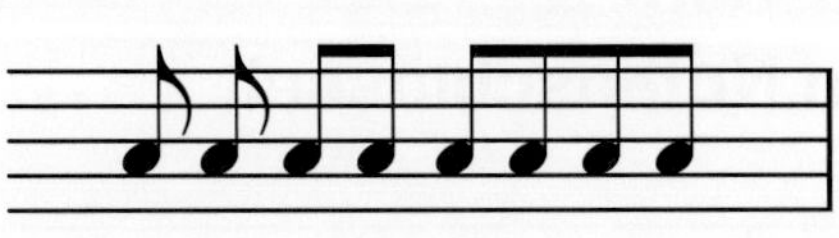

Man nennt diese Noten Achtelnoten.

→ Teilen Sie das Arbeitsblatt „Achtelnoten" aus. Die Kinder malen ein Bild mit Achtelnoten.

→ Spielen Sie anschließend gemeinsam den „Uhrenkanon".

Abschluss

→ Die Kinder kleben die Blätter ein. Als Hausaufgabe malen sie ihr Bild fertig und üben den „Uhrenkanon".

Material

Für jedes Kind:

✔ Arbeitsblatt „C wie Clownfisch" (S. 82)

✔ Arbeitsblatt „Achtelnoten" (S. 83)

✔ Liedblatt „Uhrenkanon" (S. 84)

C wie Clownfisch

1. Male einige tiefe C-Noten ohne Notenhals.

c

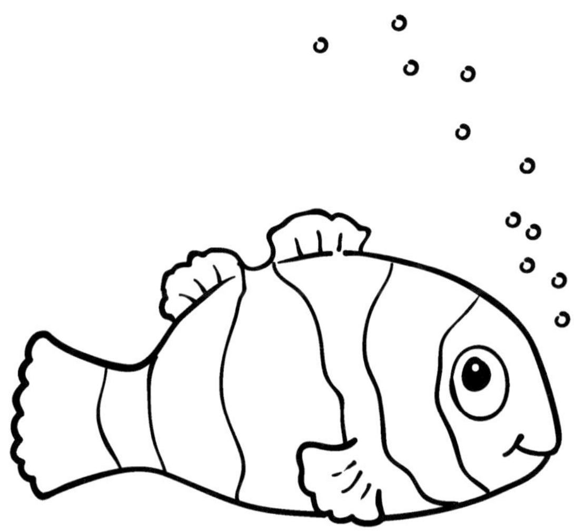

C

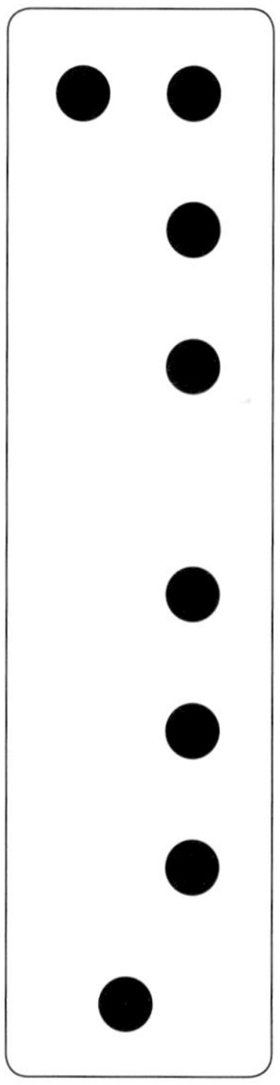

2. Male immer 4 Viertelnoten C in einen Takt.
Male an den Zeilenbeginn immer den Notenschlüssel.

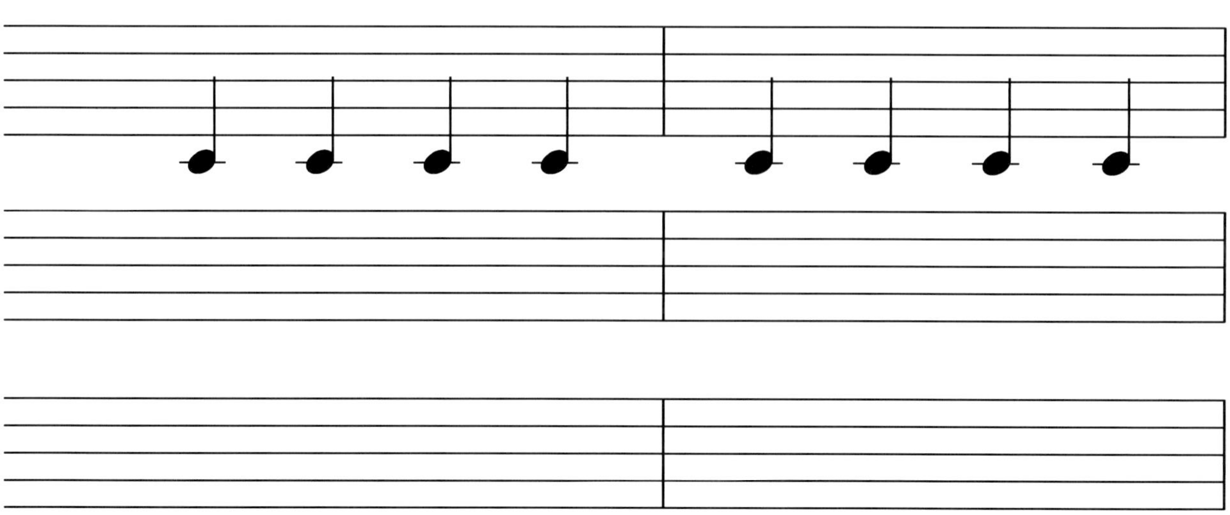

Achtelnoten

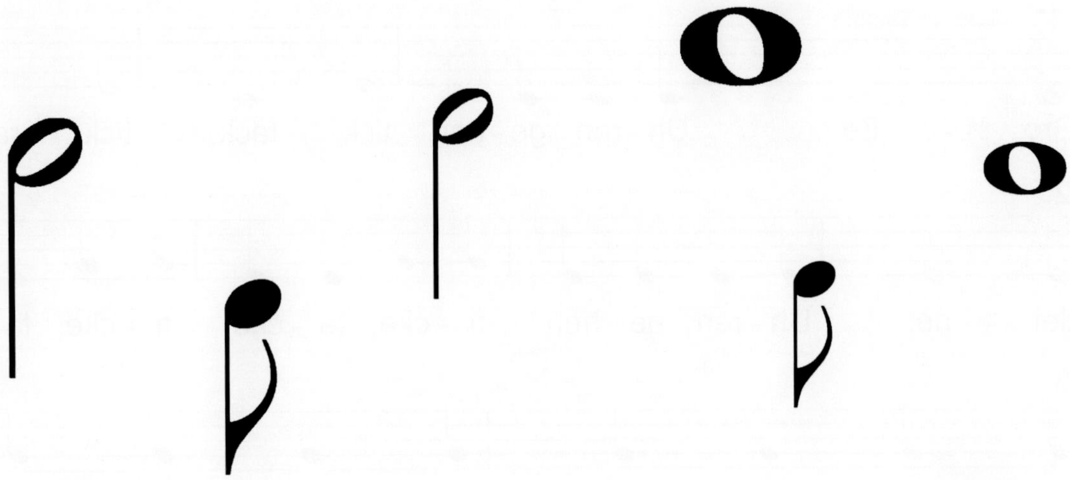

Noten haben einen Notenkopf und einen Notenhals.
Wenn die Noten schneller gespielt werden sollen,
bekommen sie ein Fähnchen oder einen Balken.
Diese Noten nennt man Achtelnoten.

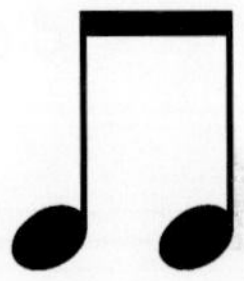

Male ein Bild mit vielen bunten Achtelnoten.

ISBN 978-3-8346-3901-1 | www.verlagruhr.de

Uhrenkanon

Melodie und Text: Karl Karow

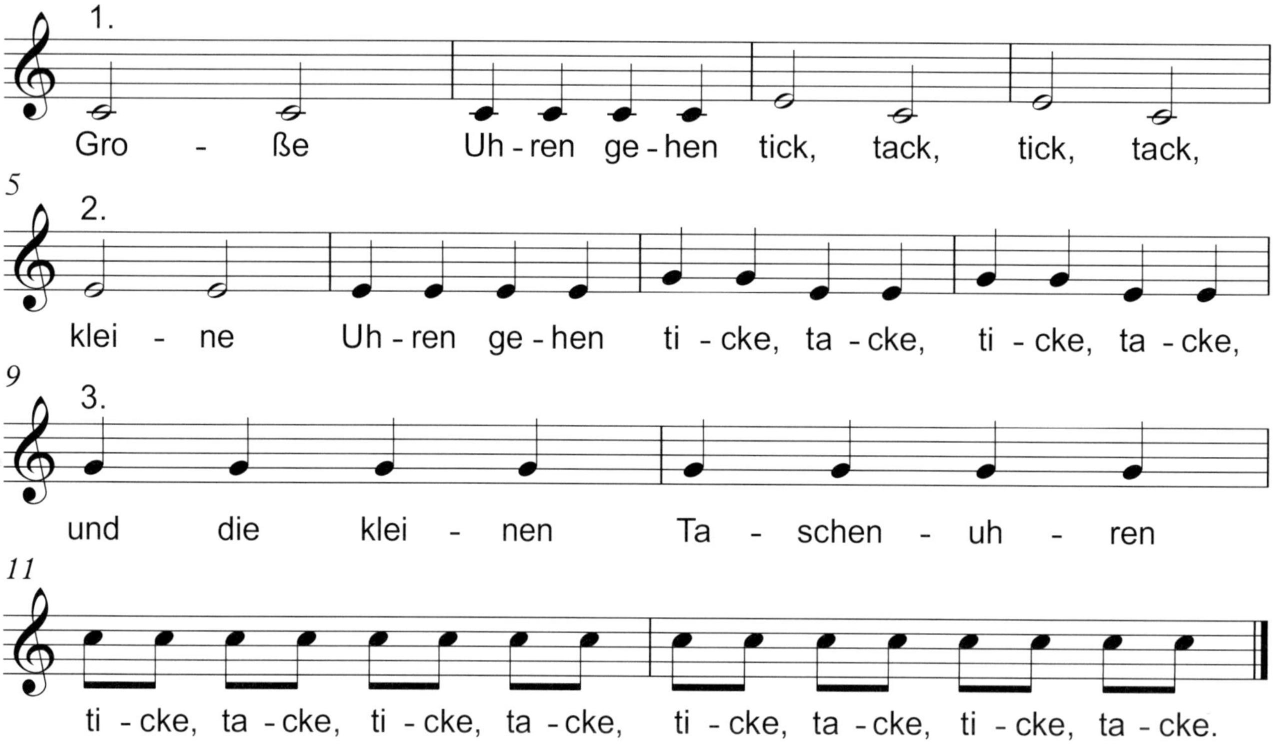

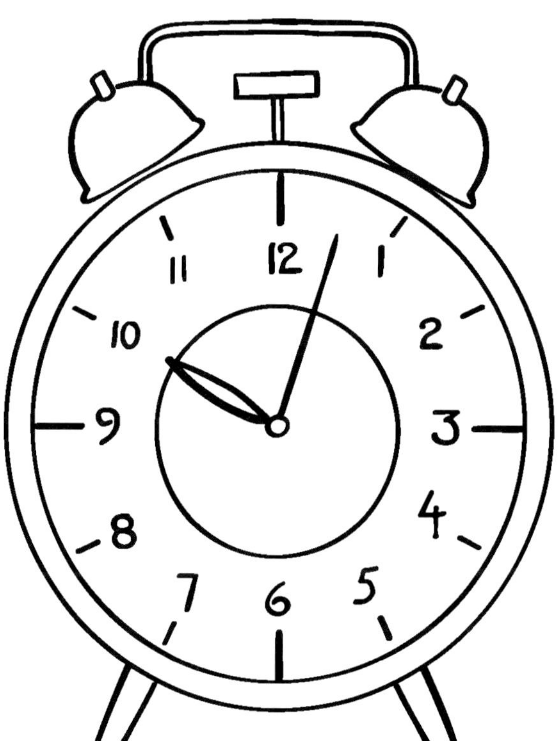

ISBN 978-3-8346-3901-1 | www.verlagruhr.de

18. F wie Fuchs

Verlauf

Einstieg

- → Die Kinder zeigen ihr Achtelnotenbild.
- → Singen und spielen Sie gemeinsam den „Uhrenkanon“.

Erarbeitung

- → Erklären Sie den Kindern den Ton, den sie als Letztes kennenlernen:
  Wenn wir alle bisher gelernten Töne aufschreiben, merken wir, dass an einer Stelle eine Lücke ist. Wir lernen nun den fehlenden Ton: das F wie Fuchs. Die Note F steht zwischen der ersten und zweiten Linie.
- → Teilen Sie das Arbeitsblatt „F wie Fuchs“ aus. Die Kinder bearbeiten die Aufgaben. Demonstrieren Sie im Anschluss, wie man das F auf der Flöte greift:
  Wir greifen das tiefe C und öffnen dann den Mittelfinger der rechten Hand. Alle anderen Löcher sind geschlossen.

F

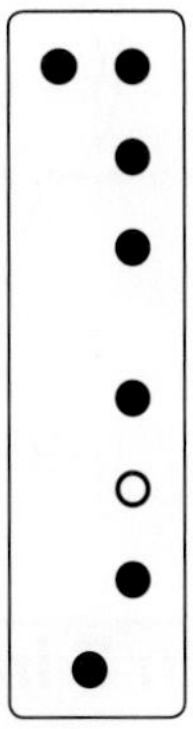

- → Die Kinder spielen ganze Noten F im Wechsel mit ganzen Pausen, dann Viertelnoten im Wechsel mit anderen Tönen:
  F – G – F – G; F – A – F – A; F – E – F – E
- → Erklären Sie: *Alle Töne vom tiefen C bis zum hohen C nennt man eine Tonleiter.*
- → Die Kinder malen auf das Arbeitsblatt eine Tonleiter mit halben Noten. Achtung: Ab der dritten Linie geht der Notenhals nach links unten.
- → Teilen Sie das Liedblatt „Morgenstimmung“ aus. Spielen Sie das Stück gemeinsam auf der Flöte. Bilden Sie anschließend verschiedene Gruppen, die die Melodie mit weiteren Instrumenten begleiten. Legen Sie einen Ablauf fest, wann welche Instrumente mitspielen oder Pause haben.

Abschluss

- → Die Kinder kleben die Blätter in das Flötenheft ein.

Material

- ✔ evtl. Liedblatt „Morgenstimmung – alle Stimmen“ (S. 88)
- ✔ evtl. Triangel
- ✔ evtl. Glockenspiel
- ✔ evtl. Xylophon
- ✔ evtl. Klavier/Keyboard
- ✔ evtl. Boomwhackers (rot, lila, orange, pink, grün, gelb)

Für jedes Kind:

- ✔ Arbeitsblatt „F wie Fuchs“ (S. 86)
- ✔ Liedblatt „Morgenstimmung“ (S. 87)

F wie Fuchs

1. Male einige F-Noten ohne Notenhals.

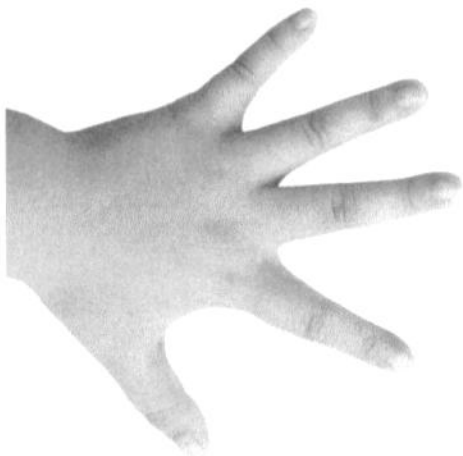

5
4
3
2
F
1

F

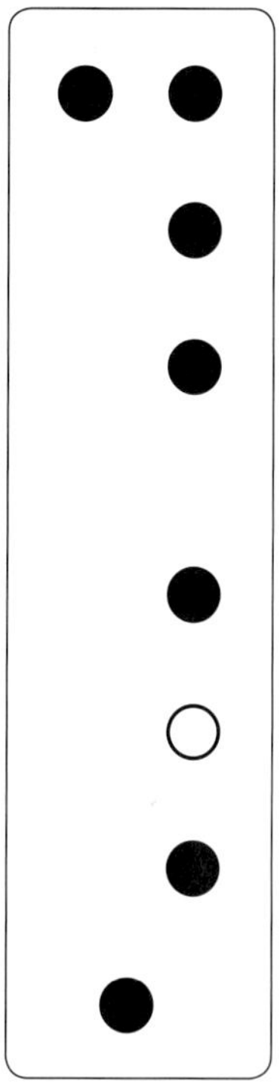

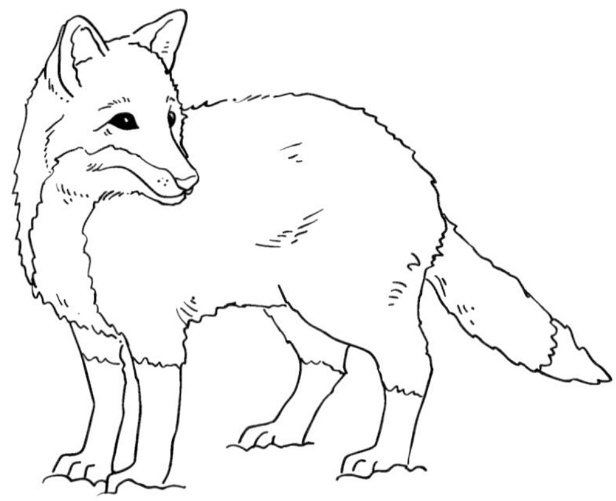

2. Male immer 4 Viertelnoten F in einen Takt.
Male an den Zeilenbeginn immer den Notenschlüssel.

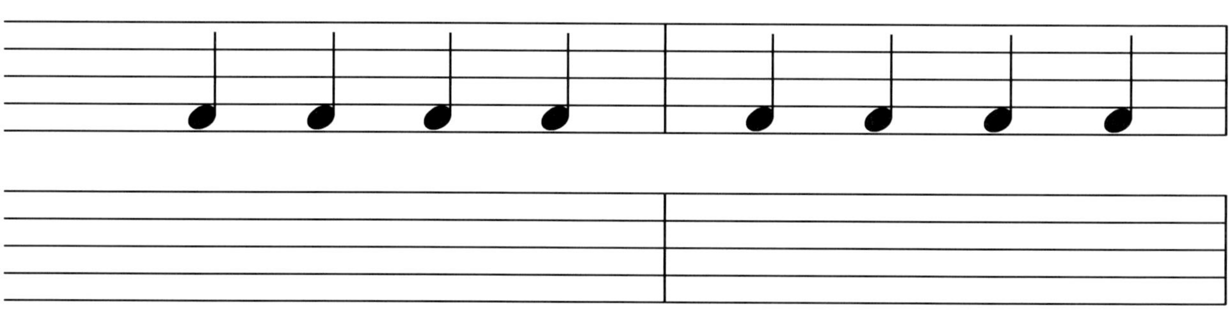

3. Male eine Tonleiter vom tiefen C bis zum hohen C mit halben Noten.

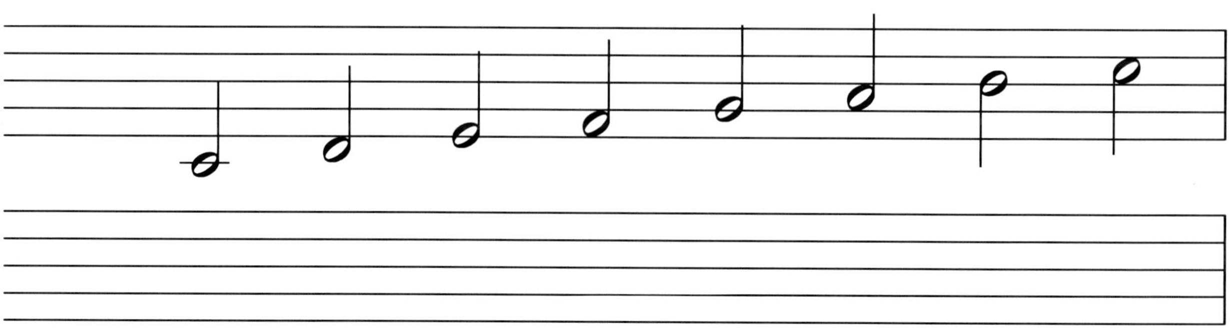

 ISBN 978-3-8346-3901-1 | www.verlagruhr.de

Morgenstimmung

Edvard Grieg

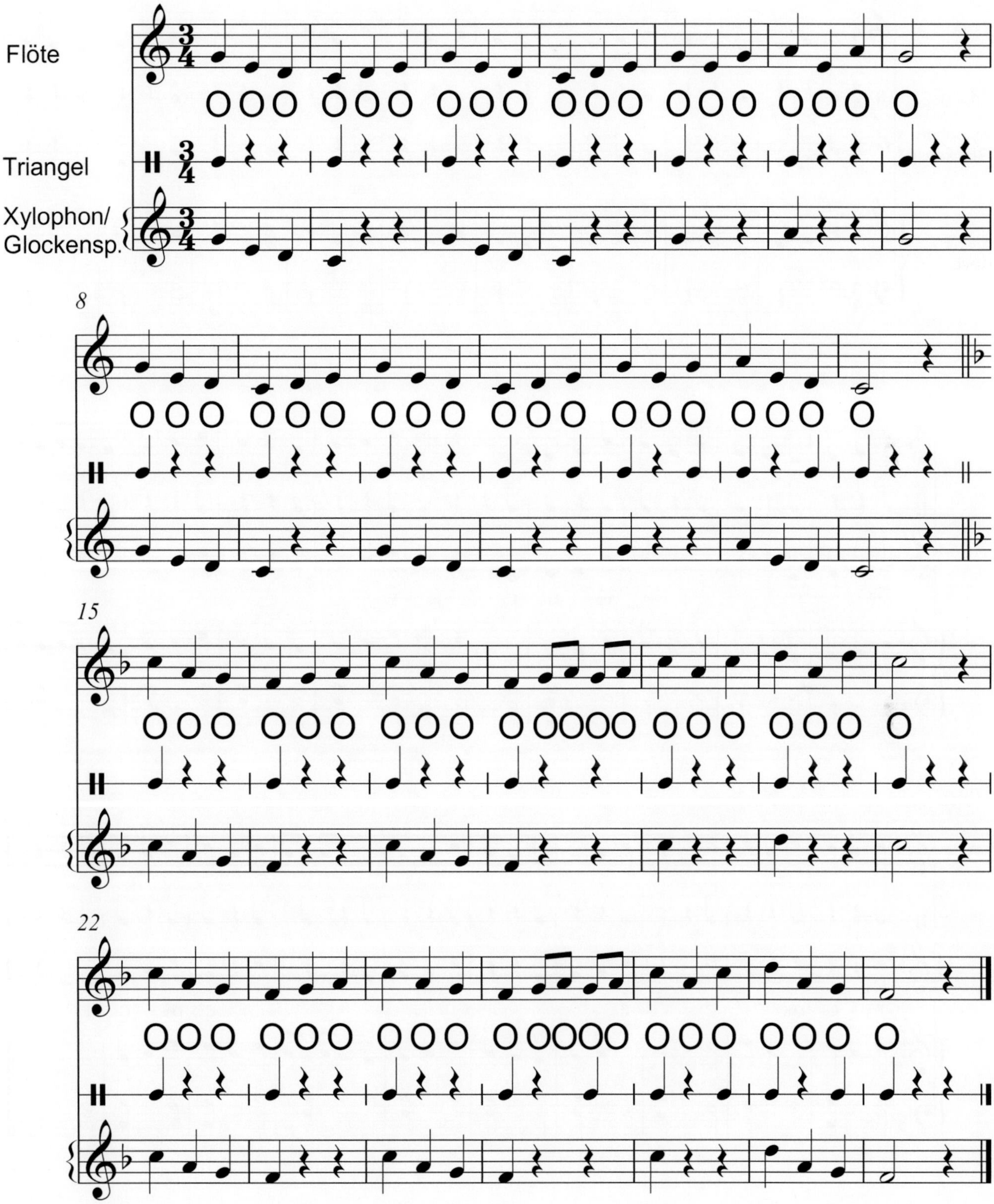

ISBN 978-3-8346-3901-1 | www.verlagruhr.de

Morgenstimmung – alle Stimmen

Edvard Grieg

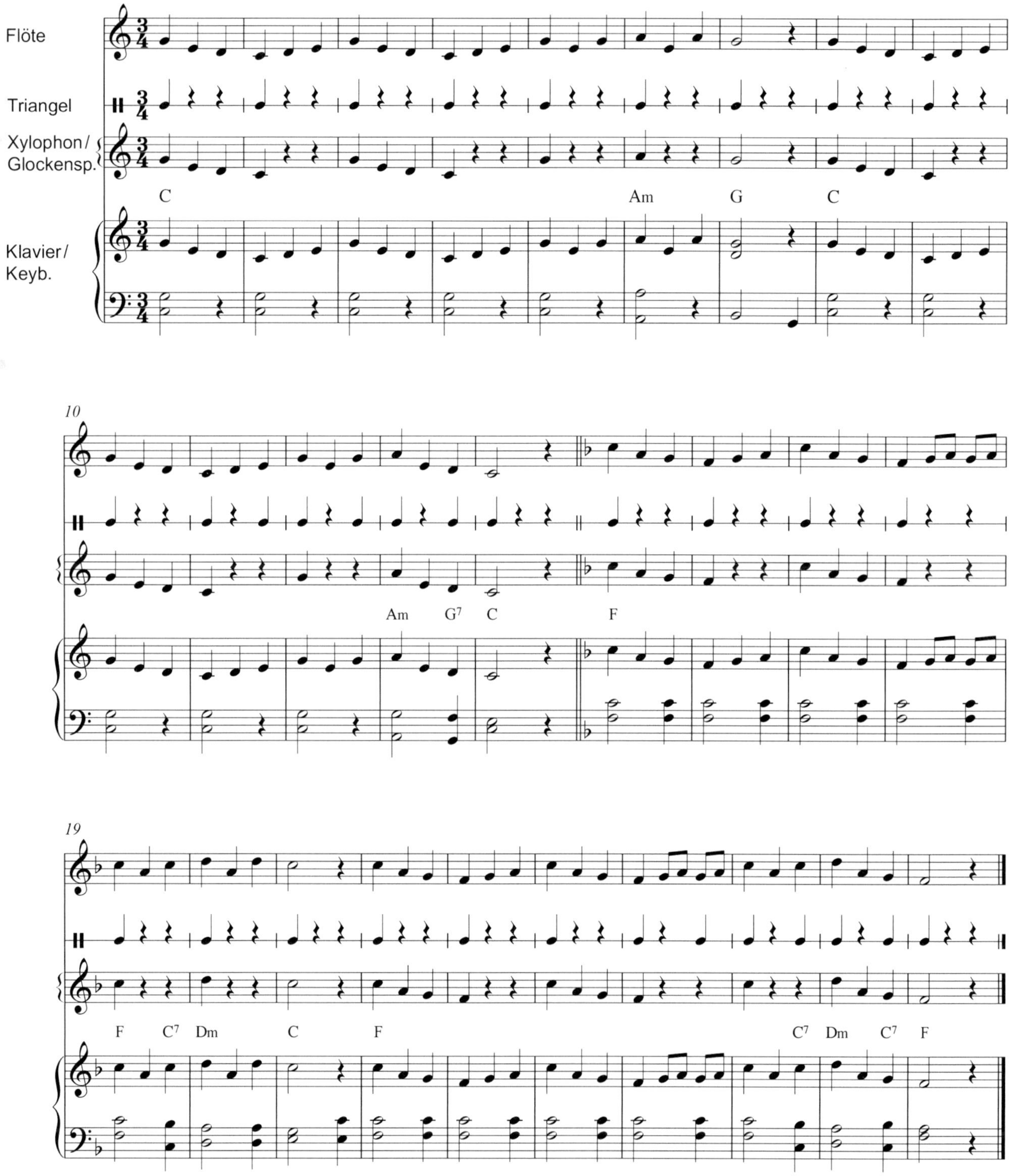

ISBN 978-3-8346-3901-1 | www.verlagruhr.de